NONGCUN MIANYUAN WURAN ZHILI
SHENJI YANJIU

农村面源污染治理审计研究

陆晓晖 著

经济日报出版社

摘 要

农村面源污染是当前我国面临的一个重要环境问题，其形成的具体来源主要有化肥、农药和农膜，禽畜粪便，水产养殖，生活垃圾和污水，秸秆等，对环境安全、农业生产和人民生活都带来了长期而深刻的影响。面源污染及其治理已经受到各国的重视，其治理手段主要包括经济手段、技术手段和制度手段。本书从政府审计的视角研究我国农村面源污染治理的问题，并主要参考了制度相对比较完备的美国审计署和英国审计署的面源污染治理审计实践。审计监督是党和国家监督体系的重要组成部分，发挥着揭示问题、促进风险防范和推动国家重大政策措施贯彻落实等方面的作用。

在政府主导的我国农村面源污染治理中，政府审计是重要的参与主体。政府审计机关开展了多项有关农村面源污染治理审计的实践，通过审计资金、项目、有关部门和相关政策的执行情况，查清了情况，揭示了问题，提出了建议，开展了问责，推动了环境治理活动的有效运行。特别是近几年试点的领导干部自然资源资产离任审计，实行“党政同责”，对领导干部终身追责。本书研究的目的，在于通过认识当前农村面源污染治理审计的现状，提出完善农村面源污染治理审计的思路和措施。具体来说，一是认识当前农村面源污染治理审计的现状，二是分析政府审计在农村面源污染治理中的作用机制，三是推动改善农村面源污染治理审计。研究的意义在于：农村面源污染治理是我国农村环境治理的重要方面，也是我国整体环境改善必须解决的重点和难点问题。党的十九大报告将“加强农业面源污染防治，开展农村人居环境整治行动”作为需要着力解决的突出环境问题，开展农业面源污染综合防治是国家十三五规划纲要的内容。而政府审计是推进农村面源污染治理的有效手段，本书通过研究探寻政府审计如何改善以进一步推进农村面源污染的治理。

本书以相关理论为基础，采用规范研究和实证研究相结合、逻辑分析和案例分析相结合的方法，从农村面源污染治理的政府审计实践出发，探讨政府审计在农村面源污染治理中的作用机理，总结已有的审计实践和特点，分析存在的不足，提出具体可行的完善农村面源污染治理审计制度的建议。研究内容主要包括：当前我国农村面源污染治理的特点与不足；农村面源污染治理审计中的审计关系；审计机关开展相关农村面源污染治理审计的成果；农村面源污染治理审计的改善，建立新推行的“河长制”与领导干部自然资源资产离任审计的对接机制；农村面源污染治理审计的实现路径。借鉴美国和英国等国家面源污染治理的审计活动，结合我国政府审计实践，探讨我国的农村面源污染治理审计制度。主要结论如下：

（1）我国政府审计通过在财政审计、农业审计、资源环境审计、经济责任审计等具体审计活动中，监督检查与农村面源污染治理相关的资金运行、项目建设、部门活动、领导人经济责任履行、环境政策执行等，反映总体情况，发现存在的问题，提出整改措施，发布公开的审计报告，并对治理的绩效进行评价，对责任人进行严肃问责。这些审计发现、审计结论和建议评价，为环境治理的决策者和执行者提供了客观的信息，强化了问责，推动了农村面源污染治理的改进。

（2）现阶段我国审计机关的农村面源污染治理审计取得了一定成果，审计职责得到了体现，但是相比农村面源污染治理的重要性来说，政府审计的相关活动还开展得不够充分，没有形成系统化的农村面源污染治理审计，审计评价缺乏绩效性内容，难以全面综合反映我国农村面源污染治理的总体状况。

（3）为了更好地发挥政府审计在农村面源污染治理中的监督作用，政府审计应当进行改善。结合我国农村面源污染治理审计实践，借鉴国外行之有效的审计经验，我国政府审计应以农村面源污染治理的政策执行情况为基本审计对象，对农村面源污染治理进行长期动态的综合跟踪审计，建立全面科学的农村面源污染治理审计评价体系，并发布政府审计视角的农村面源污染治理审计研究报告，推动农村面源污染治理取得富有实效的成果。

关键词：农村面源污染　治理　审计　改进

Study on Government Auditing in Rural Nonpoint Source Pollution Governance

Abstract: We are facing the rural nonpoint source pollution which is a vital issue now.This type of pollution is mainly caused by chemical fertilizer, pesticides, agricultural film, poultry manure, aquaculture, rural refuse, sanitary sewage and crop straw. The nonpoint source pollution has a long-term and deep influence in environmental safety, agricultural production and people's lives.Many countries have attached importance to the nonpoint source pollution and taken steps to govern it such as economics means, technological means and institutional means.The book research the rural nonpoint source pollution governance in our country from the perspective of government auditing, and refer primarily to auditing about GAO's and NAO's in the rural nonpoint source pollution governance because of their relative advance systems .The government auditing institution is an important institution in the party and national supervise system, and play a role in revealing problem, preventing risk and promoting policies practicable.

The government auditing is an important participant in the rural nonpoint source pollution governance which is led by the government. The government auditing have went on some practices about rural nonpoint source pollution governance. The government auditing understand the situation, reveal the problems and propose recommendations which can promote environmental governance operating effectively by supervising the public funds, engineering projects, departments and involved policies implementation.In a word, the purpose of this book's research is to put forward the ways and measures through understanding the government auditing's current situation in the rural nonpoint source pollution governance.The purposes of this book's research are specifically: first, knowing the government auditing's current situation in the rural nonpoint source pollution governance; second, understanding the audit relationship between the government auditing and the objects who accept the audit in the rural nonpoint source pollution governance; third, promoting the rural nonpoint source pollution governance to improve.The significance of the research is that the rural nonpoint source pollution governance is nation's important planning.Report of the party's nineteenth report raise reinforcing governance on agricultural nonpoint source pollution and implementing activities on rural environment renovation.The 13th five-year plan raise carry out comprehensive control on agricultural nonpoint source pollution. The government auditing is the effective means on how to advance the evolving the rural nonpoint source pollution governance.It is researched on how to improve the government auditing in rural nonpoint source pollution governance in the book.

Basing on the relative theories, using method of the standard methodology and empirical research, logical analysis and case analysis, proceeding from government auditing practice about rural nonpoint source pollution governance, this book discusses the government auditing mechanism of function, summarizes the practice and feature that have been existed, analyses the defects and proposes feasible suggestions which can perfect the systems of rural nonpoint source pollution governance. The contents of the research include the features and defects on auditing in rural nonpoint source pollution governance; the audit relationship in the rural nonpoint source pollution governance; the achievements acquired by government auditing in the rural nonpoint source pollution governance audit; the improvement of government auditing in rural nonpoint source pollution governance; the implementation paths of the auditing in rural nonpoint source pollution governance.Using for reference of the auditing practices in nonpoint source pollution governance in America and UK, conbining the practice of the government auditing in our country, the book discuss systematically the government auditing in nonpoint source pollution governance in China. The main conclusions are as follows:

(1) The government auditing supervise and inspect the funds, projects, departments, economic responsibility of the leaders and implementing policies involved the rural nonpoint source pollution governance by finance audit, agriculture audit,

resource and environment audit, economic responsibility audit. The government auditing reflects the whole conditions, finds the problems, proposes correcting suggestions, releases the open auditing reports, and evaluate the performance about the pollution governance, carry out accountability. These auditing finds, auditing conclusions suggests and evaluations can provide objective informations for those decision makers and executives, strengthen accountability, and push forward the promoting of the rural nonpoint source pollution governance.

(2) The government auditing in rural nonpoint source pollution governance have obtained achievements at the present stage, and presented its effect. But the government auditing is not sufficient comparing with the importance of the rural nonpoint source pollution governance. The government auditing in rural nonpoint source pollution governance have not formed system, lacking the performance about the environment governance, resulting in difficult on reflecting the overall conditions about the rural nonpoint source pollution governance comprehensively.

(3) The government auditing should be improved in order to play a supervising role in the rural nonpoint source pollution governance. Combining with practices in rural nonpoint source pollution governance, and referencing the effective audit experiences abroad, government auditing in China should take implementation of policy about rural nonpoint source pollution governance as the basic object, then carry out long-time and dynamic track auditing, establish comprehensive and scientific audit evaluation system about rural nonpoint source pollution governance, release reports about rural nonpoint source pollution governance from government audit. These actions can promote rural nonpoint source pollution governance to gain effective achievement.

Key words: rural nonpoint source pollution governance, government, auditing, improvement

目　录

第一章　导论

第一节　问题的提出

随着我国经济的快速发展和人口总量的不断增加，以及农业种植化肥使用量的增加和养殖业规模的扩大，农田生态系统遭到破坏，农村生活环境不断恶化，河流湖泊水体富营养化，污染源增加、污染物增多、污染范围变广。我国发达地区的农村尤其面临着面源污染这个难题，在太湖流域和“长三角”这样的人口密集、经济发达和城市化水平较高的地区，农村生活垃圾、农村生活污水、禽畜粪便和农业化肥流失等面源污染已经非常严重。2010 年上半年，国家环境保护部、国家统计局和国家农业部联合发布了《第一次全国污染源普查公报》。据此公报，在全国调查的三类污染源（分别为工业、农业和生活污染源）总数中，农业污染源数占总数的 49.0%；在全国主要污染物排放总量中，农业源（不包括农村生活源）中主要水污染物排放（流失）量：化学需氧量占全国排放化学需氧量的 43.7%，总氮量占全国排放总氮量的 57.19%，总磷量占全国排放总磷量的 67. 27%。当前我国农业源污染已成为全国最大的污染，高过工业源和生活源对环境的污染（文心田等，2011）。环境保护部 2011 年在国务院新闻发布会上称：农村的污染排放已经占到了全国的“半壁江山”，农村环境问题很多，形式相当严峻，环境整治任务非常繁重（新华网，2011）。环境保护部《2010 中国环境状况公报》报告：农村环境问题日益显现，农业源污染物排放总量较大，局部地区形势有所好转，但总体形势仍十分严峻。突出表现为畜禽养殖污染物排放量巨大，农村生活污染局部增加，农村工矿污染凸显，城市污染向农村转移有加速趋势，农村生态退化尚未得到有效遏制。

我国是一个农村人口居多数的国家，农村生态环境恶化不仅会直接影响农产品质量和农民收入，而且破坏了农村人居环境，动摇了农村经济社会可持续发展的基础。同时，农村又是整个社会的有机组成部分，是一个开放的生态系统，是食品和其他物资的来源，如果农村环境问题持续恶化，无疑会对整个社会的稳定发展构成极大威胁（李海鹏，2007）。我国政府高度重视农村环境问题，并把农村环境保护与治理作为一项基本国策。2005年9月，中国共产党十六届五中全会在《中共中央关于制定国民经济和社会发展第十一个五年规划的建议》中提出：尽快改善重点流域、重点区域的环境质量，加大“三河三湖”、三峡库区、长江上游黄河中上游和南水北调水源及沿线等水污染防治力度，积极防治农村面源污染，特别要保护好饮用水源。之后的《中共中央国务院关于推进社会主义新农村建设的若干意见》中，将社会主义新农村明确界定为“生产发展、生活宽裕、村容整洁、乡风文明、管理民主”的20字方针，从战略上提出了我国农村环境建设的重要性和必要性。我国《国民经济和社会发展第十二个五年规划纲要》在第二篇强农惠农加快社会主义新农村建设的第七章改善农村生产生活条件中的第四节提出：推进农村环境综合整治，治理农药、化肥和农膜等面源污染，全面推进畜禽养殖污染防治。加强农村饮用水水源地保护、农村河道综合整治和水污染综合治理。强化土壤污染防治监督管理。实施农村清洁工程，加快推动农村垃圾集中处理，开展农村环境集中连片整治。严格禁止城市和工业污染向农村扩散。农村面源污染成为加快新农村建设需要解决的一个重要问题。《国民经济和社会发展第十三个五年规划纲要》进一步提出：开展农业面源污染综合防治；加强重点流域、海域综合治理，严格保护良好水体和饮用水水源，加强水质较差湖泊综合治理与改善；加大环境综合治理力度，实行领导干部环境保护责任离任审计；实行领导干部自然资源资产离任审计，建立健全生态环境损害评估和赔偿制度，落实损害责任终身追究制度。农村的面源污染问题一再被强调，并提出以领导人离任审计加强环境治理的责任，推动环境治理的有效开展和取得成效。党的十九大报告直接提到面源污染问题，报告指出：“加快水污染防治，实施流域环境和近岸海域综合治理。强化土壤污染管控和修复，加强农业面源污染防治，开展农村人居环境整治行动。加强固体废弃物和垃圾处置。提高污染排放标准，强化排污者责任，健全环保信用评价、信息强制性披露、严惩重罚等制度。”

第二节　研究的目的和意义

一、研究的目的

农村面源污染是一个环境问题，也是一个社会问题。农村面源污染问题日益突出，开展相关研究寻求解决面源污染治理的路径并取得实效尤为必要。我国和世界各国，都采取了技术的、经济的、政策的、法律的手段，开展面源污染治理，推动环境向良好状态改进。农村面源污染治理是一个系统性的过程，是国家运行和发展中的一项重要活动，要在国家治理的框架下，通过采取有效的措施，以改善水土条件，治理农村环境，优化农村生态，从而进一步改变整个社会的环境状况。研究的目的主要在于通过认识当前农村面源污染治理审计的现状，在现有审计制度的框架内，提出完善农村面源污染治理审计的思路和措施，推动农村环境治理更有实效。

（一）认识当前农村面源污染治理审计的现状

我国政府审计机关成立三十多年来，开展了很多环境审计项目，环境审计已经成为审计署的重要审计活动。审计署 2016 年发布的《“十三五”国家审计工作发展规划》，对资源环境审计工作提出“以促进全面节约和高效利用资源、加快改善生态环境为目标，依法对土地、矿产、水资源、森林、草原、海洋等国有自然资源，以及环境综合治理和生态保护修复等情况进行审计，加大对资源富集和毁损严重地区的审计力度，对重点国有资源、重大污染防治和生态系统保护项目实行审计全覆盖，推动加快生态文明建设”。我国农村面源污染治理正在逐步推进，作为国家治理重要组成部分的审计工作，在促进面源污染治理方面应当发挥应有的作用。本书通过梳理审计署和地方审计机关的审计实践，认识当前我国农村面源污染治理审计的现状，包括已有的成就和存在的不足，以进一步探讨改进现状的途径。

（二）理解政府审计在农村面源污染治理中的具体作用

从国家治理体系的参与者来看，参与国家治理的主体除国家和政府外，还包括市场与企业、社会和公私机构以及超国家等机构组织。在整个巨大的治理网络中，不同治理主体彼此之间相互协调与共同发挥作用，其中政府、企业和公民社会组织起到三足鼎立的作用，而国家充当元治理者的角色（廖义刚、陈汉文，2012）。政府是一个多部门机构组成的综合实体，政府审计是其中的一个部门，政府审计在依法履行审计职责的时候，与被审计者形成了一种特定的关系——即审计关系。

在农村面源污染治理中，政府审计与某些治理主体，包括政府环境部门、面源污染治理工程施工企业、负有面源污染治理责任的相关领导官员等，因法律授权对其审计而产生审计关系，因而政府审计与这些治理主体的关系可以概括为审计关系。基于道德风险和逆向选择，被审计者可能产生偷懒、不作为、贪污挪用等行为，阻碍面源污染治理进展。政府审计的存在使被审计者必须考虑审计发现后带来的影响，避免或纠正不当行为。事实上，政府审计提出的整改措施和对具体责任者的严肃问责，起到了强大的威慑和有效的治理推动作用，特别是近几年试行的领导干部自然资源资产离任审计，将直接对党政一把手进行问责，充分体现了审计监督作为党和国家监督体系的组成部分，强化对行政权力的制约和监督。本书通过对面源污染治理中审计关系的分析，了解审计在其中的具体作用，以便探讨如何更有效地遏制违法违规，促进其他治理主体尽职尽责，切实推动农村面源污染的治理。

（三）推动改善农村面源污染治理审计

一方面，政府审计发挥着揭示问题、抵御风险、促进完善的作用，另一方面，政府审计也需要根据制度环境变化和自身能力提高而适时提升改进。在农村面源污染治理中，国家环境政策不断修正优化，治理的财政投入力度和范围不断加大，对政府官员的问责也在不断加强，同时人民的环境诉求也在日益提高。适应环境治理的需求，也借鉴发达国家开展面源污染治理审计的经验，以现有审计制度为基础，分析原因，提出改善农村面源污染治理审计的途径，以推动审计自身的完善，在党和国家监督体系中发挥更大的作用。

二、研究的意义

（一）农村面源污染治理是国家的重要发展规划

农村环境治理是一项重要的惠农举措，同时又是一项长期和艰巨的任务。农村面源污染类型多，形成复杂，其治理需要参与的各个主体依照国家的农村面源污染治理政策协调配合，形成合力，获取实效。当前我国面临着严峻的农村面源污染形势，影响着农业生产、农民生活、粮食安全和农村景观，其治理成效反映了国家环境政策的落实情况和国家发展规划的实现程度，必须引起各级政府和全社会的高度重视。2015 年国务院印发《水污染防治行动计划》，提出："推进农业农村污染防治。防治畜禽养殖污染。科学划定畜禽养殖禁养区……自 2016 年起，新建、改建、扩建规模化畜禽养殖场（小区）要实施雨污分流、粪便污水资源化利用。控制农业面源污染。制定实施全国农业面源污染综合防治方案。推广低毒、低残留农药使用补助试点经验，开展农作物病虫害绿色防控和统防统治。"选择研究农村面源污染治理问题，是在当前已经开展的治理活动中，从政府审计的视角总结各项措施落实成果，看到其中依然存在的问题，为农村面源治理提供更有意义的信息，促进政府完善治理进程。

（二）政府审计是推进农村面源污染治理的有效手段

政府审计作为一项制度安排，在经济监督中发挥了积极的作用。政府审计可以发现贪污挪用、损失浪费等违法违规行为，进行审计处理或者移送司法；政府审计可以发现管理不善、缺乏效率和效益的问题，提出审计建议并积极推动完成整改；政府审计可以发现执行机构的乱作为、不作为、慢作为甚至腐败问题，推动事项的合法有序进行，加强对相关人员的问责追责；政府审计可以了解国家重大政策措施的贯彻情况，推动政策落地取得实效；政府审计可以综合审计结果从制度层面分析存在的机制体制性问题，向决策层表达观点提出建议。2014 年审计署绩效报告显示：2014 年，审计署共审计 1361 个单位，促进财政增收节支和挽回损失等可用货币计量的审计成果总计 3090.17 亿元，审计人员人均实现审计成果 9274 万元，提出审计建议 1473 条；向有关部门移送重大违法违纪问题线索和事项 423 件，促进建立健全制度 1865 项。而在 2015 年，人均实现审计成果达到 12068 万元，提交各类审计报告和专题报告 2775 篇，提出审计建议 1456 条，推动被审计单位制定整改措施 2263 项，促进被审计单位建立健全制度 1971 项，移送重大违纪违法问题线索和事项 905 件，比 2014 年增加一倍，涉及 5750 人。在农村面源污染治理中，审计机关通过开展相关审计活动，查处了违法违规，推动了部门改进和制度完善。正是基于政府审计的重要作用，研究农村面源污染治理中政府审计的做法、成效和自身改善，可以促使政府审计在农村面源污染治理中发挥更大的推进作用。

第三节　研究的基本思路和方法

一、研究的基本思路

本书提出农村面源污染治理问题，在国家治理的框架下，以相关理论为基础，研究政府审计作用于污染治理的机理，进一步探讨政府审计的农村面源污染治理实现路径，总结现有农村面源污染治理审计的特点与不足，提出农村面源污染治理审计的改善，促进农村面源污染治理制度更加完善有效，发挥作用。

本书研究的技术路线如下：

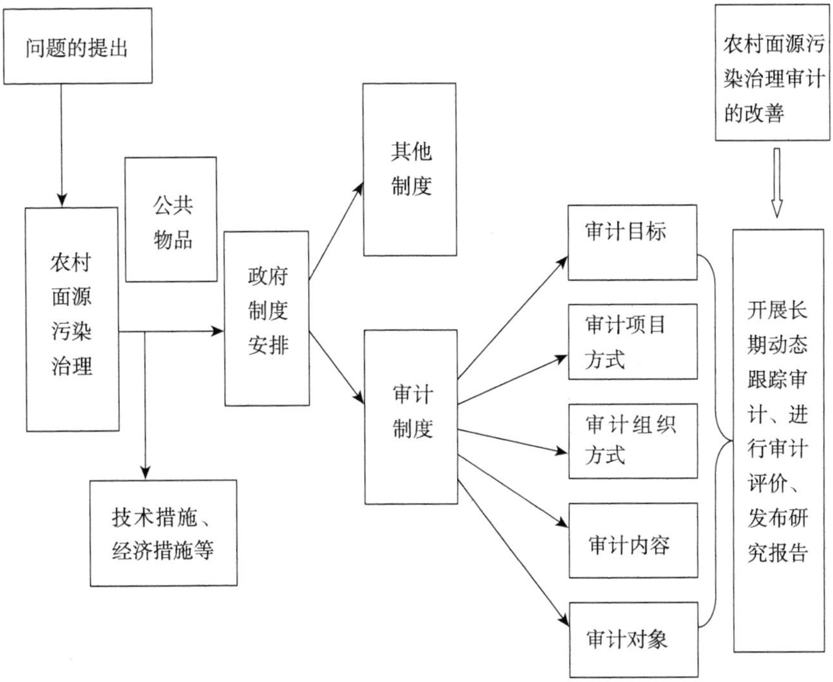

图 1　本书研究的技术线路

Figure1 The research thought of this book

二、研究的方法

采取规范研究和实证研究相结合，逻辑分析和案例分析相结合的研究方法。研究我国农村面源污染及其治理的基本现状和审计实践以及审计的改善，结合审计机关的农村面源污染治理审计的典型案例，将共性研究和个案分析相结合，坚持从普遍到特殊，再从特殊到普遍的研究逻辑。以制度经济学、管理学以及审计学等学科理论为指导，以审计机关的环境审计实践为依托，使农村面源污染治理的审计研究建立在扎实的理论和实践基础上，力求研究的严谨并具有较高的实用价值。

第四节　研究的主要内容和结构

一、研究的主要内容

根据制度经济学，对制度进行分类的第一种方法，是从制度的形式和实施机制来看，是否有成文规则及是否有权威性的执行和惩罚机构。制度以成文形式存在，且有权威机构付诸实施，则称之为正式制度。第二种制度分类的方法，是按制度的产生方式（或起源）来分，分为内在制度与外在制度。制度的产生方式是理性设计，由这种方式产生的制度叫“外在制度”。外在制度被清晰地制定在法规和条例之中，并由一个诸如政府那样的权威机构来正式执行。

现代政府审计制度依国家法律而产生并由审计机关按照法律规定开展活动，是正式制度与外在制度。1982 年我国宪法确立了国家的审计制度，对审计机关的设置、性质、地位和领导关系，审计监督的范围和内容，审计监督的基本原则，审计长的地位和任免等做了明确规定，确立了我国审计监督制度的基本框架。我国审计法第一条指出了国家审计的目标：“为了加强国家的审计监督，维护国家财政经济秩序，提高财政资金使用效益，促进廉政建设，保障国民经济和社会健康发展。”国家的审计制度运行以来，在维护国家经济安全、促进改进管理提高效益和加强廉政建设方面发挥了巨大的作用。

（一）政府审计在农村面源污染治理中的重要作用及其机理

从国家治理体系的组成看，国家治理体系是由多个系统构成的，主要可以分为决策系统、执行系统和监督控制系统，其中监督控制系统的主要功能是监督执行系统对决策的执行情况，并将对决策执行情况的评估反馈给决策系统，推动决策系统及时修正决策，同时根据决策执行情况提出奖惩建议（刘家义，2012）。政府审计正是切合了治理体系中监督控制系统的需要而产生的一项制度安排，是监督控制系统中的一个组成部分。不同于诸如财政监督、银行监督这样附属于本行业的、派生出来的、局限于本行业范围的监督，政府审计监督是一个专职的专门机构实施的监督，通过监督检查财政资金、公共资金、领导人经济责任履行等活动，获得充分的信息，进行分析和评价，发现问题，提出建议，必要时发出提示和预警，并报送政府和立法机构，推动政策的改进和国家治理的完善。党的十八届四中全会报告将审计监督列为党和国家的监督体系的重要组成部分，提出：加强党内监督、人大监督、民主监督、行政监督、司法监督、审计监督、社会监督、舆论监督制度建设，努力形成科学有效的权力运行制约和监督体系，增强监督合力和实效；“完善审计制度，保障依法独立行使审计监督权。对公共资金、国有资产、国有资源和领导干部履行经济责任情况实行审计全覆盖”。在党的文件层面明确了审计的权力运行制约和监督职责，为政府审计推进发现问题的整改、开展追责问责，充分发挥作用增加了强有力的保障。

资源环境保护是国家治理的重要内容。在农村面源污染的治理中，国家通过制定各项相关政策措施，设立治理机构，拨付多种相关治理资金和下达相关治理项目，将农村面源污染治理的决策化为执行方式和手段，以达到治理的目标。在治理活动的进程中，政府审计进行独立的、权威性的监督和评价。特别是农村资金和项目，运行线路长，环节多，端点远，尤其需要加强监督控制和评价，并向决策系统传递信息，不断修正和改进，推动实现环境治理目标。

在国家的农村面源污染治理实践中，政府审计借助其地位及信息优势，运用审计方法和手段，在多种审计形式中开展了农村面源污染治理审计，发现了问题，提出了建议，督促了整改。如近几年，政府审计开展了对太湖流域水污染治理、珠江流域水污染治理等大江大河的污染治理审计，农村面源污染资金审计是其中重要的内容。

本书通过审计机关的相关审计实践，了解政府审计在面源污染治理中的现实状态，充分认识政府审计在农村面源污染治理中的重要作用。

政府审计应当充分利用审计结果，从机制体制层面进行进一步分析，提出改进的建议。对于农村面源污染的治理，可以通过资金、技术、管理等的投入获得成效。然而，如果没有科学合理的机制体制，其他环境治理要素的投入成效可能会受到影响。政府审计不仅仅是监督资金的安全有效，对权力进行约束，还要更具有建设性作用，注重根据审计掌握的信息从更深的层次和更长远的目标提出更加优化的建议，促进环境污染问题从根本上加以解决。

（二）国外面源污染治理审计的进展和借鉴

发达国家如美国和英国，都有包含面源污染治理目标的国家层面的法案或者政府环境计划，英国在脱欧前还受到欧盟环境指令的约束，如果达不到欧盟指令所要求的环境目标，将会被处以高额的财政处罚。围绕环境治理法案法令的要求，国家审计机关长期开展面源污染治理的绩效审计，检查负有环境责任的机构的环境治理活动绩效，提示存在的问题和风险，关注环境目标的实现程度。审计机关不仅发布每一次审计活动的结果报告，而且还开展动态的综合性的研究和评价，发布研究型的综合报告，为议会了解情况、进行决策提供有价值的信息。国外发达国家的审计实践，为我国开展农村面源污染治理审计提供了有价值的参考。本书研究了美国和英国的面源污染治理审计，分析了特点，提出了我国审计机关可以从中获取的借鉴。

（三）农村面源污染治理审计的现状与改善

现代政府审计制度是在法律的规定之下产生的，在法律规定的范围和程度内开展审计活动。同时，审计制度又是在长期的社会发展中不断进步和完善的，形成了科学规范的运行程序。审计活动涉及审计人、被审计人、委托人三方的利益关系，既要实现审计目标，同时又要维护各方的合法权益，必须规范审计活动的各个方面。农村面源污染治理审计的审计目标、审计对象、审计内容、审计方法、审计组织方式等，形成了审计制度的基本框架。政府审计是我国农村环境污染治理的重要力量，在治理的进程中通过各项审计活动，发现问题，纠正错误和偏差，推动有关部门改进工作，发布公告加强社会监督。由于外部因素的某些制约、审计环境的复杂性以及审计资源约束和审计发展水平的局限，现实中的审计活动还存在着一些需要研究的问题，还需要进一步加以改善，以期能够更好发挥审计的职能作用，推动环境的改善和可持续发展。

二、本书结构

本书分为 7 个部分，第一部分是导论，提出农村面源污染及其治理问题，论述研究的目的和意义、研究思路和方法、研究的主要内容，以及研究的创新和不足。第二部分是相关概念和文献综述，描述当前我国农村面源污染的严峻形势、国内外的研究成果，从环境的公共物品属性和政府在环境治理中的核心地位，来阐述农村面源污染治理中的政府审计理论，论述政府审计在农村面源污染治理中的重要性和作用。第三部分是农村面源污染治理审计研究的理论基础，论述了国家治理理论、制度经济学相关理论、管理学理论、农户行为理论对农村面源污染治理审计制度研究的指导作用。第四部分是我国农村面源污染治理审计现状与分析，叙述了我国农村面源污染治理的手段，简述了环境审计的产生和发展以及我国环境审计的开展情况，总结了审计机关的面源污染治理审计活动，对我国农村面源污染治理的审计关系进行了分析。第五部分是美国、英国面源污染治理审计借鉴，总结了美国审计署和英国审计署在面源污染治理审计中的做法和成果，提炼了先进做法和可借鉴的经验。第六部分是改善我国农村面源污染治理审计的思考，归纳了我国农村面源污染治理审计的实现路径，分析了我国农村面源污染治理审计实施的审计项目方式、组织方式、审计内容，并与美国审计署的做法进行了简要比较，梳理了我国审计机关发布的与农村面源污染治理有关的审计结果公告，总结了我国农村面源污染治理审计的特点和不足，提出了对我国现有农村面源污染治理审计的改进。同时，在我国推行“河长制”的背景下，初步探讨了领导干部自然资源资产离任审计与河长制评价与考核的对接。第七部分是结论与讨论，总结归纳了本书的研究成果，简述了研究需要进一步探讨的问题。

第五节　研究的创新之处与不足

一、研究的创新之处

农村环境的面源污染及其治理已成为现代农业发展、农村人居生活和社会可持续发展的重大主题。与欧美发达国家相比，我国的农村面源污染治理研究工作起步较晚，当前的研究成果一方面是从技术上加以解决，如在农村中推广沼气，另一方面是从制度上寻求解决的途径，如采取相应的税收政策、建立市场激励机制等，经济学分析也开始进入农村面源污染治理领域的研究。本书的创新之处是从政府审计这一具体的制度安排视角，研究在农村面源污染治理中，政府审计作为重要的参与力量如何通过审计职责推进环境治理取得实效。政府审计是国家治理中一个强制性的正式制度安排，用以对治理过程中的有关活动事项进行监督检查、分析评价，保障治理进程的合法合规、实现治理成效。在农村面源污染治理中，国家制定了相关治理政策、法规，投入资金和设置项目，并通过相关机构和人员开展治理活动。政府审计依法对相关政策的贯彻落实情况、对资金的运用和项目建设情况、对机构职能履行和领导干部经济责任履行情况进行监督，通过审计报告等形式向人大、政府和公众反映审计的结果，开展对责任人特别是领导干部的问责与追责，有效督促发现问题的整改，并且政府审计进一步运用审计信息和专业知识，以审视全局的地位优势和超然独立的机构特点，分析面源污染治理中各项治理措施的成绩和存在的机制体制问题，向国家的决策机构提出农村面源污染治理的改进建议，体现审计在环境治理和社会发展中的重要意义。本书系统研究了我国农村面源污染治理的政府审计制度，全面总结了农村面源污染治理的审计实践成果，分析当前农村面源污染治理政府审计存在的不足，提出充分发挥政府审计作用的对策。

二、研究的不足

农村面源污染问题属于环境问题，环境审计涉及其他一些专门学科知识，如化学、地理学等，由于学科知识和视野的有限，可能存在对研究对象认识不够深入不够准确的问题，影响研究的全面性。同时，在绩效评价方面，涉农的审计项目一般具有周期长、受多因素影响效益不易计量、社会效益往往大于经济效益的特点，为建立具体的量化指标带来了困难，对建立比较科学的指标体系进行审计评价带来一定的影响。

第二章　相关概念和文献综述

第一节　农村面源污染概述

一、农村面源污染的含义

（一）面源污染的含义

面源污染（Diffused Pollution，DP，也称 Non-point Source Pollution，NPs，非点源污染）研究是继点源污染研究之后兴起的又一个国际环境问题研究的活跃领域。面源污染是指在大面积范围内以弥散或大量小点源形式排放污染物造成的、在自然环境（如大气、土壤、水体等）中混入危害人体、降低环境质量或破坏生态平衡的现象（张克强等，2010）。由于信息不对称和高度不确定性的存在，面源污染具有分散性、隐蔽性、随机性、不易监测、难以量化等特征（徐国梅、张雷，2011），使得对其研究和管制具有较大的难度。甚至在发达国家，与对点源污染控制的研究相比，对面源污染控制的研究还是相当有限的。

（二）农村面源污染

农村面源污染是指农村生活和农业生产活动中，溶解的或固体的污染物，如农田中的土粒、氮素、磷素、农药重金属、农村畜禽粪便与生活垃圾等有机或无机物质，从非特定的地域，在降水和径流冲刷作用下，通过农田地表径流、农田排水和地下渗漏，使大量污染物进入受纳水体，如河流、湖泊、水库、海湾等所引起的污染，其特征为产生的区域广泛、受气候影响、污染发生的随机性和突发性时空变化大、无法准确确定源区，可以在地表任何位置发生（张克强等，2010）。

农村面源污染主要来源于农业生产和农村生活，农业生产形成的面源污染称为农业面源污染（ANPSP）。农业面源污染是指在农业生产活动中，农田中的泥沙、营养盐、农药及其他污染物，在降水或灌溉过程中，通过农田地表径流、土壤、农田排水和地下渗漏，进入水体而形成的面源污染。这些污染物主要来源于农田施肥、农药、畜禽及水产养殖。农业面源污染是最为重要且分布最为广泛的面源污染，随着农业化肥、农药用量加大，集约化养殖场发展，土地利用频度加快，农业废弃物日益增多，致使农业面源污染日趋严重（郑涛等，2005）。来源于农村生活的面源污染主要是指农村居民的生活污水和废弃物污染。农村居民生活污水和废弃物的污染也是农村水环境恶化的一个重要原因。生活污水一般不含有毒物质，但含丰富的植物营养，且含有大量细菌（包括病原菌）、病毒和寄生虫卵。农村基础设施建设滞后和管理的缺失，致使缺乏废水的处理设施和固体废弃物无害化处理设施。农村居民生活垃圾利用率极低，大部分都露天在城郊和乡村堆放。这不仅占去了大片的可耕地，还可能传播病毒细菌，其渗漏液污染地表水和地下水，导致生态环境恶化（罗延龄、倪燕，2010）。

二、农村面源污染的形成来源

农村面源污染的形成具体来源，主要有化肥、农药和农膜，禽畜粪便，水产养殖，生活垃圾和污水，秸秆等。

（一）化肥农药使用

我国化肥农药的使用量已居世界之首，使用强度高、流失量大。化肥的商品使用量逐年稳步增加。据统计，近年来农村化肥施用量平均每年增加约6.6%，纯氮投入量412.5kg/km^2，纯磷67.5kg/km^2，复肥163.5kg/hm^2。1987年我国化肥总消费量为2000万吨（周健等，1993），在耕地不断减少的状况下，2005年化肥年施用量高达4700多万吨，约占世界总量的35%，有机肥施用量仅占肥料施用总量的25%。而化肥利用率却在急剧下降，在一些主要蔬菜基地与粮食高产区氮肥利用率仅在10% ~20%之间，全国平均也仅有35 %左右，而发达国家氮肥利用率可达50% ~60%。流失的氮肥，除土壤固定约30%外，还直接损失30%的氮肥，其中挥发到大气中约20%，淋溶到地表和地下水的约12.5%。

农药的商品使用量呈现上升趋势。统计结果显示，农村近年农药和除草剂使用量大约在200吨/年，2005年中国农药消耗145.99万吨，而截至1989年底，我国农药平均年产量才 27.1 万吨（周健等，1993）。然而，化学农药的利用率不足 30%，其余部分直接进入土壤、水体和空气以及农产品。有些甚至直接向水体施药。农药随雨水或灌溉水向土壤和水体迁移，导致土壤和水环境质量的恶化，污染现象时有发生（徐建成，2010）。一些农产品中农药残留等超标检出率达 30%，残留农药还会破坏生态、影响生物多样性。

（二）禽畜粪便排泄

中国集约化畜禽业发展很快，目前，已成为农民致富的主要途径。各地在城镇郊区附近建立了一大批养殖场，由原来的分散养殖变成了集中养殖。90% 以上的禽畜养殖场没有综合利用和污水治理设施（徐国梅，2011），由此带来了禽畜粪便废弃物的排放处理和污染问题。据调查，以农村户均 4 人，养猪 3 头，禽 5 只（以鸡计），大牲畜（以牛计）0.35 头，按人均排泄粪便 1.2kg/d，猪 15kg/d，牛 30kg/d，鸡 0.05kg/d 计算，农村户均每天产生人畜粪便 61kg，是城镇（以户均 3 人计）的 17 倍。畜禽粪便年产生量达 27 亿吨，粪便中的化学需氧量（COD）含量近 8000 万吨，约为全国工业和生活污水排放的 5 倍（张克强，2008）。根据《第一次全国污染源普查公报》的数据计算，畜禽养殖业化学需氧量占总水污染物化学需氧量的 22.73%，占农业源的 96%（丁文国等，2011）。随着农业与农村经济的发展，农村畜禽粪便利用并未得到同步发展，与速效化肥相比，使用畜禽粪便入田作肥料的比重不断下降。据调查，仅有 49% 的畜禽粪便得到利用，其余皆与生活污水一样以污水形式，直接排入沟渠，汇流入湖，特别是近湖、沿湖农村，污水直接排入湖泊，成为农村面源污染的主要污染物，占全流域总氮、总磷、有机质污染负荷的 35% 以上（徐建成，2010）。

（三）农村生活垃圾倾倒

我国农村生活污水和生产生活固体废弃物数量巨大，回收率低下。大部分农村生活垃圾随意露天堆放，其中包含了大量有毒有害物质和不可降解材料，这些生活垃圾随雨水进入河道，对农村生态环境造成了严重危害。据国家卫生部调查显示，目前农村每天每人生活垃圾量为 0.86 公斤，即是说，每年全国农村的生活垃圾量接近 3 亿吨。随着生活水平的提高，农民生活消费城镇化日趋明显，生活垃圾也由过去的易自然腐烂的蔬菜残叶、瓜果烂皮等发展到塑料袋、快餐盒、废旧电池等与腐败物质的混合体，其中，每天的垃圾中有 1/4

是难以降解的塑料垃圾。据有关部门统计，每年约有 1.2 亿吨农村生活垃圾全部露天堆放，约有 51% 的垃圾被直接倒入沟渠，有 18% 的垃圾被直接倒入农田，只有很少的垃圾被掩埋或烧掉（丁一等，2011）。露天堆放的生活垃圾使广大农村脏、乱、差现象严重，垃圾包围农村，已成为一个令农民十分头疼的问题，一方面污染了农村环境，影响了村容村貌，另一方面随着风吹雨淋，流入、浸入、渗入河流、湖泊和地下水，对水体造成严重污染。垃圾堆放还占去了大片可耕地，传播病毒细菌，导致生态环境恶化。

（四）农村污水排放

近年来广大农村人民生活水平迅速提高，生活条件明显改善，人口居住日趋集中，农村生活污水的排放量也在不断增加。目前全国农村每年有超过 2500 万吨的生活污水直接排放，绝大多数生活污水未经处理，随意倾倒和排放（张克强等，2010）。

（五）水产养殖

水产养殖在我国渔业生产中发挥着主导作用，2006 年中国水产养殖总产量达 3595 万吨，水产品产量持续增加已连续 17 年位居世界首位（张克强等，2010）。水产养殖业也对一些湖泊、水库造成污染，来源主要包括鱼类粪便、饵料沉淀以及为使水生植物生长而撒播的各种肥料（蔡新源，2009），以及产生的大量废水和池底淤积的污泥。

（六）农膜残留

2005 年中国农用塑膜消费量达到 176.23 万吨，是 1991 年的 2.74 倍，年均增长率达到 12.46%，每年 1000 万吨的塑料残余物，残留在农村地区，农膜残留污染凸现，农田年残留量在 $45kg/km^2$，影响土壤通透性和农作物根系生长，形成白色污染，破坏生态环境（张克强等，2010）。

（七）秸秆焚烧

2006 年主要农作物秸秆产量近 7 亿吨，除少部分用来直接还田、用作工业原料和能源燃料外，大部分被焚烧，严重污染大气环境，破坏秸秆的所有有机物和营养物，降低土壤的肥力。如广东省新丰县梅坑镇地区农户主要种植水稻，调查发现秸秆就地焚烧占 53.5%（陶雪琴等，2011），其他用途如作饲料、直接还田不足一半。

三、农村面源污染的特点

与点源污染相比，农村面源污染具有分散性、隐蔽性、随机性、不易监测、难以量化等特征，同时又与农业生产紧密结合。

（一）分散性和隐蔽性

与点源污染的集中性相反，面源污染具有分散性的特征，它随流域内土地利用状况、地形地貌、水文特征、气候、天气等的不同而具有空间异质性和时间上的不均匀性。排放的分散性导致其地理边界和空间位置的不易识别（蔡新源，2009）。污染源分散且细小隐蔽，可能给很多人造成的错觉，忽视面源污染存在的危害，认为即使有危害，也可以稀释与消散在广阔的农村天地中。其实不然，在我国，太湖流域、安徽巢湖、云南洱海、上海淀山湖等水域，农业面源污染比例已经超过点源污染（刘超，2008）。

（二）随机性和不确定性

大多数面源污染问题，包括农业面源污染，涉及随机变量和随机影响。例如，农作物的生产会受到自然的影响（天气等），因为降雨量的大小和密度、温度、湿度的变化会直接影响化学制品（农药、化肥等）对水体的污染情况。

（三）广泛性和不易监测性

由于面源污染涉及多个污染者，在给定的区域内它们的排放是相互交叉的，加之不同的地理、气象、水文条件对污染物的迁移转化影响很大，因此很难具体监测到单个污染者的排放量。

四、农村面源污染的危害

农村面源污染对环境安全、农业生产和人民生活都带来了长期而深刻的影响。

（一）土壤环境安全危害

大量污染物通过不同方式进入土壤，并在土壤中沉积，破坏了土壤结构和土壤生物群体的组成，当其数量超过土壤自我调节容量时，就会破坏土壤生态平衡，使土壤生产力下降（赵爽，2009）。氮、磷化肥流失是农业面源污染的主要来源之一。氮、磷等通过径流、渗漏、挥发等不同途径进入土壤生态系统，对我国农业土壤环境安全产生了巨大的直接和潜在的生态风险。国外使用化肥的顺序是先磷肥后氮肥，我国则一直大量使用氮肥，少量施用磷肥和及少量钾肥。由于结构不合理和施用不当，土壤和农产品中硝态氮和亚硝态氮已有明显积累，氮肥流失。氮、磷化肥流失对土壤生态系统的影响具体表现在对土壤理化性质和上层土壤水稳性的影响。施肥过程中产生的氟离子、氯离子、硝酸根离子、亚硝酸根离子等，进入土壤生态系统，成为重要的污染源。另外，化肥还引起土壤的重金属及放射性污染。据调查我国各地施用的磷肥含有多种重金属，从含量来看目前尚不构成威胁，但其对土壤环境的潜在危险不容忽视（文传浩等，2008）。农膜等不可降解塑料造成的白色污染，无论是薄膜还是超薄膜，无论覆盖何种作物，所有覆膜土壤都有残膜。总体来说，我国土壤面源污染的总体情况可以用“四个增加”来概括，即土壤污染的面积在增加，土壤污染物种类在增加，土壤污染的类型在增加，土壤污染物的含量在增加（赵爽，2009）。

（二）水环境安全危害

我国《重点流域水污染防治“十二五”规划》（范围包括松花江、淮河、海河、辽河、黄河中上游、太湖、巢湖、滇池、三峡库区及其上游、丹江口库区及上游等 10 个流域）中指出：2010 年，规划区域化学需氧量排放量为 1431.2 万吨，其中工业污染来源占 11.8%，城镇生活污染来源占 33.5%，农业面源污染来源占 54.7%；氨氮排放量为 136.1 万吨，其中工业污染来源占 10.2%，城镇生活污染来源占 56.9%，农业面源污染来源占 32.9%。农业面源污染已成为水环境的主要危害来源。联合国粮农组织估计中国农田磷素进入水体的量为 19.5 公斤 / 公顷，印度为 10.9 公斤 / 公顷，美国为 2.2 公斤 / 公顷，我国农田流失进入水体的磷素量比美国高 8 倍以上，按这一估计中国每年农田进入水体的磷素流失量则为 195 万吨五氧化二磷。世界银行资料显示，我国地下水将近 50% 被农业面源污染。氮、磷化肥对水环境安全造成的面源污染主要包括两个途径，即通过农田排水与地面径流，以及通过渗漏途径对地下水的污染。农业面源污染最终对水体的影响就是导致水体富营养化加剧，可能发生蓝藻等种群的爆发。富营养化是当今世界水污染治理的难点和热点，而氮、磷是大多数淡水湖泊、水库等水体中藻类生长的最主要关键因子。

（三）生态环境破坏

施用化肥对土壤生物种群、群落生态平衡产生影响。化肥施用不当或过量，可使土壤农业化学性质发生畸变，促进产生植物毒素的真菌发育。联合国粮农组织（1996）在一部出版的关于农业造成的水污染的书中提到：农业水污染导致生态系统机能失调，失去生物多样性；来自陆地的活动污染了海上生态和地下水资源；持续不断的有机污染导致全球污染。

（四）农业生产影响

土壤、水环境污染，必然对依赖土地和水的农业生产造成危害，影响农业生产。主要表现在：第一，可耕地面积的减少。我国农村和农业生产中，由于农业面源污染所形成的环境污染和生态破坏，导致我国农业生态环境问题日益突出。以土壤污染为例，我国目前受重金属污染的耕地面积将近2000万公顷，约占我国耕地总面积（2005年我国耕地总面积1.0428亿公顷）的20%，而其中受农业面源污染的耕地约占1000千万公顷。我国目前受污水污染的农田达330万公顷；全国水土流失面积已达到360万平方公里，占国土总面积38%，直接导致我国农业和农村最重要的生产资料——耕地资源逐年减少。加上我国人口的逐年增长，必然导致农业生态环境日趋严峻，农业生产资源日益窘迫，极大地限制我国农村的生产发展。第二，某些作物的种植受到限制。如钾肥中一般含有氯离子，对忌氯作物如甘薯、马铃薯、甘蔗、甜菜、柑橘、烟草、茶树和葡萄等的产量均有不良影响。第三，影响了禽畜养殖规模的扩大。禽畜养殖产生的面源污染还导致了对养殖业的限制，某些地方出台规定，在数量和地域上限制或禁止禽畜养殖。如在“十一五”期间，海口逐步削减畜禽养殖业的污染负荷，在畜禽养殖禁养区，搬迁或关闭禁养区内的畜禽养殖场，严格限制南渡江等主要流域的规模养殖畜禽（中国养殖业网，2007）。这些举措影响了当地农业生产，制约了农村经济发展。

（五）食品、粮食安全危害

农业面源污染物中的农药残留对食品、粮食安全的环境效应是最直接，也是最明显的。目前我国农产品的出口往往受到日本、美国和欧洲等发达国家、地区的绿色贸易壁垒限制，最主要原因就是农产品中的农药、重金属残留问题。农业引起水污染，也是水污染的受害者。通过排放污染物和沉淀物到表面或地下水引起污染，又通过土壤流失、盐化作用、水涝或灌溉土地使用废水、受污染的地表或地下水污染了农作物，最终影响到食品、粮食安全。我国土壤重金属污染加剧，多地稻米及蔬菜有相当数量已超标。大宗农作物中的镉铬等元素超标问题比较显著，农业生态环境恶劣，蔬菜品质低下。根据现有调查数据，已表明我国部分地区土壤和种出来的农作物已有普遍的镉等重金属污染，只是尚未达到使人致病的程度，按照现在的发展趋势，如果稍有放松，若干年后土壤重金属污染积累进一步加剧，一旦达到致病程度，情况就将不可收拾。国土资源部曾公开表示，中国每年有1200万吨粮食遭到重金属污染，直接经济损失超过200亿元，而这些粮食足以每年多养活4000多万人。同样，如果这些粮食流入市场，后果将不堪设想（人民网，2011）。

（六）视觉景观影响

由于农村基础设施落后，普遍缺乏污水排放和垃圾清运处理系统，生活污水、大量废弃的作物秸秆、蔬菜废弃物、牲畜禽类粪便的随意排放现象严重，导致农村尤其是村镇生活环境的视觉景观污染。以畜禽粪便污染为例，随着养殖业规模的不断扩大和集约化程度的不断提高，牲畜、禽类在饲养过程中排放大量粪便、氨气、硫化氢、粪臭素等恶臭气体，而农村污染物的处理率不到10%。这些农业面源污染源不仅污染农业和农村自然生态环境、传播有关病原微生物，而且对农村视觉景观污染也极为突出，对于新农村建设中的村容整洁产生重大阻碍作用，尤其是正在积极推进乡村旅游的农村社区，其连锁反应就不言而喻。同时农业面源污染源中的“白色污染”有过之而无不及。白色污染由于其降解速度相当缓慢，而农业生产过程中往往一次性使用，导致当前我国农村白色污染的视觉景观环境污染现象日趋严重。

（七）人民生活影响

生活宽裕是新农村建设的重要目标之一。然而，由于我国农业和农村日益严重的面源污染，已经明显阻碍和制约我国农村达到这一重要目标。由于面源污染导致农业和农村生态环境恶化，农作物、饮用水、大气、土壤不同程度被污染物所污染，最终通过污染后的农业生态系统中的大气、水、农产品等直接或间接进入人体，传播疾病给消费者和农民，严重影响农村广大农民的身体健康，农村人口中与环境污染密切相关的恶性肿瘤死亡率明显高于城市（文心田等，2011），相当部分农户由于生存环境恶化而生活在贫困线以下，实现农村小康目标困难重重。人民网2011年10月15日，以《“癌症村”频出 防治重金属污染刻不容缓》为题，报道了我国湖南、内蒙古、辽宁等地农村居民由于土地、大气、水源受到严重污染而患骨癌、骨痛、砷中毒、氟中毒等病症导致生活面临重大隐患、生命安全受到挑战、农民因病加剧贫困的情况。联合国粮农组织（FAO，1996）援引世界健康组织的资料称：被污染的水是人类疾病、痛苦和死亡的主要起因，全球每年500万人死于由污水而生的疾病，每年400万儿童由于水传播的感染而腹泻，污水中发现最多的细菌是大肠杆菌，地表水中含有大量病原体，设计不合理的农村清洁设施也给地表水带来了污染。

第二节　政府审计相关概念论述

一、审计理论概述

（一）审计的概念

一般认为审计起源于所有权与经营权分离而产生的受托责任，是社会发展到一定阶段、经济发展到一定水平时出现的。审计经过不断的完善和发展，已经形成一套比较完备的科学体系。对于审计的概念，最具代表性的是美国会计学会于1973年发表的《基本审计概念说明》中定义的：审计是客观地获取和评价关于对经济活动和经济事项的认定的证据，以查明这些认定与既定的标准之间相符合的程度，并将其传达给利害关系人的一个系统过程。这一概念虽然偏重于注册会计师审计，但是也基本反映了不同审计的共性，即审计需要获取事实并传递给利益相关者，是维护相关利益和秩序的保障。美国审计署对审计下的定义是："审计一词，包括审查会计记录、财务事项和财务报表，但就审计总局的全部工作来说，还包括如下内容：查核各项工作是否遵守有关的法律和规章制度；查核各项工作是否经济和有效率；查核各项工作的结果，以便评价其是否已有效地达到了预期的结果（包括立法机构规定的目标）（李凤鸣，2008）。"政府审计则是为政府活动的尽责和透明提供了重要保证（吉恩L·多达罗，2011，转引自审计署法规司等编译美国政府审计准则）。我国国家审计准则规定：审计机关的主要工作目标是通过监督被审计单位财政收支、财务收支以及有关经济活动的真实性、合法性、效益性，维护国家经济安全，推进民主法治，促进廉政建设，保障国家经济和社会健康发展。

通常按照审计主体划分，审计可分为政府审计、内部审计和注册会计师审计。审计实质上是国家依法用权力监督制约权力的行为。2015 年，中国共产党十八届四中全会形成的《中共中央关于全面推进依法治国若干重大问题的决定》，将审计定位于党和国家八大监督制度之一，报告指出："强化对行政权力的制约和监督。加强党内监督、人大监督、民主监督、行政监督、司法监督、审计监督、社会监督、舆论监督制度建设，努力形成科学有效的权力运行制约和监督体系，增强监督合力和实效……完善审计制度，保障依法独立行使审计监督权。对公共资金、国有资产、国有资源和领导干部履行经济责任情况实行审计全覆盖。"新时期的审计，明确了对行政权力的制约和监督性质，在国家治理体系中被赋予了更加重要的使命和责任。

审计理论则是人们基于对审计实务的认识形成的关于审计系统化的、合乎客观规律的理性认识所形成的审计知识体系。自从 1961 年莫茨和夏拉夫发表了审计理论研究的经典之作——《审计理论结构》后，越来越多的审计理论和实务工作者都认识到了审计理论研究的重要性（马正凯、黄晓波，2011）。罗伯特·K·莫茨教授和他的学生侯赛因·A·夏拉夫（1961）在共同出版的《审计理论结构》（The Philosophy of Auditing，又译成《审计哲理》）一书中，科学地描述了审计理论的框架结构，提出了审计理论由基本哲学、审计假设、审计概念、应用标准和实务应用五部分组成，第一次将审计理论作为一门独立学科加以论述。在我国，1983 年 9 月，随着地方审计机关和国家审计署的成立，我国审计制度的恢复，审计理论的研究也逐步展开。审计理论是农村面源污染治理审计制度研究最直接的理论基础。

（二）审计理论结构

审计理论结构是由构成审计理论的诸要素组合而成，而且诸要素之间有着合乎逻辑的内在联系并形成一个有机整体（徐政旦，2004）。

虽然研究者在审计理论结构包括审计研究的逻辑起点、审计理论要素、审计要素的逻辑关系这三个方面的问题上已经没有异议，但是关于研究的逻辑起点是什么、审计理论包括哪些部分或称要素、以及它们之间存在着怎样的内在逻辑关系等问题上，始终存在着争论。审计按照执行主体可以分为政府审计、注册会计师审计和内部审计。就政府审计而言，杨肃昌（2012）认为政府审计理论体系应该是一般审计理论、国家审计理论基础、国家审计基础理论和国家审计应用理论等不同层面的理论综合。具有中国特色的审计基础理论体系的基本内容应为：审计环境理论、审计动因和本质理论、审计目标理论、审计主客体理论、审计程序和方法理论、审计规范理论、审计管理理论，国家审计应用理论主要研究国家审计的基本理论问题，以及国家审计机关对被审计单位所要进行的财政金融审计、企业审计、外资审计、行政事业单位审计、固定资产投资审计、领导干部任期经济责任审计等有关理论问题（王会金，2004）。

（三）审计理论结构在农村面源污染治理审计中的应用

审计基础理论中，对于农村面源污染治理审计有特定意义的，主要是审计环境理论、审计目标理论、审计主客体理论、审计程序与方法理论、审计管理理论，在审计实践中结合具体审计环境，指导形成农村面源污染治理审计的审计目标、审计主体与对象、审计程序与方法，以及审计资源的管理。

审计应用理论中，对于农村面源污染治理审计有特定意义的，主要是财政审计和经济责任审计，因为农村面源污染治理审计一般通过这两种审计类型进行，特别是财政审计（此处的财政审计是包括了预算执行审计、农业审计、环境审计的立足于财政资金的广义的财政审计），是当前农村面源污染治理审计的主要类型。我国国家审计准则规定：审计机关的主要工作目标是通过监督被审计单位财政收支、财务收支以及有关经济活动的真实性、合法性、效益性，维护国家经济安全，推进民主法治，促进廉政建设，保障国家经济和社会健康发展。农村面源污染治理审计应研究财政审计和其他相关审计的审计内容、绩效指标的设立与评价，以及根据审计结果，从完善制度的视角提出适宜的政策建议。

二、环境审计理论与绩效审计理论

在审计理论中，环境审计理论和绩效审计理论是两个相对独立的内容，并且它们之间也存在着交叉。它们可以归属在审计应用理论之中，是在长期的审计实践中，随着各自重要性的凸显而形成的两个理论部分。

环境审计的产生可以追溯到20世纪70年代初期（祝圣训等，1996）。随后在世界范围内发展迅速。进入20世纪90年代以后，西方各主要市场经济国家普遍完善了环境法规，强化了环境审计制度。以欧洲和北美为首的西方发达国家对环境审计的研究比较早，特别是加拿大特许会计师协会关于环境审计的《环境审计与会计职业界的作用》《环境成本与负债：会计与财务报告问题》《环境绩效报告》和《加拿大环境报告：对1993年度的调查》四份重要研究报告以及相关环境会计与审计准则的研究制定，说明其在环境审计理论研究方面已取得了可喜的成就（蔡春、陈晓媛等，2006）。Philippe De Moor 和 Ignace De Beelde（2005）以文献综述的形式，论述了会计识别在环境管理体系审计和合规性审计中的潜在作用，以及环境审计和财务报表审计的异同，认为环境审计还不具有很好的规范性，缺乏广泛认可的环境审计准则，从事环境审计需要包括科学家和工程师在内的多样化的人员结构，环境审计正在向着合作、甚至是全球合作的方向发展。Sinclair–Desgagne 等（1997）从管理体系和公共政策的视角研究了环境审计，认为新的环境审计国际准则的推进和采纳，鼓励了基于环境审计结果的环境资源补偿，促进了管理者对环境和传统风险的关注。

我国政府审计开展的环境审计实践开始于 20 世纪 80 年代，开展了环境保护资金审计、城市排污费审计、天然林资源保护工程和退耕还林工作审计、水污染防治资金审计等多个环境审计项目。而我国的环境审计理论研究起步较晚，20 世纪 90 年代开始对环境审计进行理论探讨。蔡春、陈晓媛等（2006）在总结国内外环境审计研究成果的基础上，构建了环境审计理论结构，论述了环境审计理论基础，环境审计本质、目标、假设、规范、信息、控制等结构要素，以及各国环境审计准则体系的建立，是目前比较系统全面的环境审计理论研究成果。

在环境审计中引入绩效审计，是绩效审计的拓展，也是环境审计的深化。蔡春（2007）认为，理论上，不管是绩效审计，还是环境审计，都是受托经济责任内容拓展的产物，环境审计应该与绩效审计相结合，环境审计的本质目标在于促进受托经济责任中的环境责任的履行，具体表现为提高环境资源的利用效率和效益，环境审计是绩效审计的一种特殊形式。2007 年，在太湖蓝藻大爆发的背景下，苏州市审计局在国内率先尝试在经济责任审计中开展“环境效益审计”，将区域环保投入与绩效作为地方领导干部经济责任审计的重要内容。最高审计机关国际组织（1995）第十五届大会在《开罗宣言》中制定了一个框架，认为环境审计的主要内容包括财务审计、合规性审计和绩效审计。绩效审计一般要求进行定性和量化评价，环境审计与绩效审计结合的直接体现就是环境保护效益评价指标的建立。袁广达（2006）认为环境保护效益审计应以环境保护效益和环境政策评价为重点，环境保护效益评价指标体系包括环境保护项目资金使用效益指标、环境保护的能力建设指标、环境保护管理的监督指标和社会效益综合评议指标。对于农村环境绩效审计，其审计范围应包括执行农村环境政策法规的效益审计、实施农村环境保护资金的效益审计、进行农村环境建设项目的效益审计三个方面；定量评价指标包括：农村环保和生态建设投入占 GDP 的比例、农村环保产业比重、农村污水处理集中率、农村垃圾无害化处理率、村镇绿化覆盖率、农村环境污染治理指数等，定性分析评价包括：决策的可行性、贯彻执行国家农村环保法律法规和方针政策的情况、遵守财政财务规章制度情况、外部监督和内部控制的有效性等（周薇薇、刘正午，2008）。

三、事前审计、事中审计和事后审计

按照审计实施的时间点，审计可以分为事前审计、事中审计和事后审计。在被审计对象尚未有行动时提前介入，即为事前审计，如政策正式制定之前、项目正式审批之前、资金下拨之前就进行审计。事中审计是在被审计对象正在行动之时同步进行审计，而事后审计是在被审计对象行动已经完成、结果已经确定时进行审计。

三种审计优缺点各有不同。事前审计可以尽早发现问题、防患于未然，但是因为审计提前介入并发表意见，被审计对象随后的行动很可能掺入了审计本身的看法，对审计的独立性产生影响，不利于事后的审计评价，也使审计风险增加。通常在实务中，审计机关应尽量避免出现这种情况，所以我国的事前审计并不多见。世界其他国家的审计机关，对于事前审计也秉承谨慎态度，其审计范围被限定在较小的领域。例如在意大利，根据 1994 年的相关立法，属于事前审计的合规性审计的职能依然保留，但是审计的工作量在减少，审计范围已经限制在小部分的“政府法案”，而同时赋予审计法院更广泛的对每个政府部门和机构事后绩效审计职能（CORTE DEI CONTIa，2015）。事中审计业务目前正在增长，例如我国进行的汶川地震抗震救灾资金物资的跟踪审计、国家重大政策措施落实跟踪审计，从整个事物的运行总过程来看，都属于事中审计。而事后审计则是审计机关开展最普遍的审计活动，例如预算执行审计、政府性债务审计、社保资金审计等，都是典型的事后审计项目。事后审计面对的审计对象情况已经明确，审计风险较小，审计结论比较准确，但是往往问题已经发生或者损失已经造成。尽管如此，审计仍然需要在规定的领域和时间点依法进行，不能替代其他部门的职责，要保持审计的独立性。

第三节　政府审计在农村面源污染治理中的重要性

一、审计部门是环境治理的重要核心主体

（一）政府是环境治理的核心主体

生态环境治理的主体是指那些生态环境治理过程中所涉及到的具有相关权利和义务的个体、组织和机构，同时他们与生态环境问题的产生也有密切的关系。生态环境治理的主体是多元的。从全球范围看，生态环境治理主体包括国家、政府间的国际环境组织、非政府国际环境组织、企业等。必须在多元的主体中确立一个核心，如此才能在最大程度发挥其自身力量的同时引导和协调其他的力量，最终实现整体功能的最大化。这个核心主体就是政府（陈冬梅，2011）。这既是政府本身的职责使然，也是由于生态环境的公共性、环境治理的长期性复杂性决定了只有政府才具有相应的性质和能力。也可以从利益相关者理论的角度出发，来说明政府的核心主体地位，环境是与社会公众和所有集团相关的，政府是全体社会成员的组合形式，在所有的集体中具有最大的合作广度（唐寿宁，1999），政府最大程度地代表全体社会成员的利益。利益相关者选择能够代表他们的第三方，利益相关者选择的第三者必然是代表全体社会成员的政府，因为任何合作广度低于政府的集体，其代表全体社会成员利益的程度都低于政府（吴联生，2003）。在环境保护的进程中，必须要凸显政府核心主体的领导作用才有利于环境治理从理论走向实践。政府的领导作用体现在培育国民生态思想、制定建设生态经济所需的政策、政府对资本的引导、通过立法进行约束和监督（陶火生、宁启超，2011）、对环境治理和建设进行投资等。

当前环境治理的研究主题之一是环境治理的主体，对此主要存在两种观点，一种是多元主体协同的观点，认为环境治理是多个主体共同参与、协同作用的过程。如朱旭峰、王笑歌（2007）认为环境治理是政府机构、公民社会或跨国机构通过正式或非正式机制管理和保护环境自然资源、控制污染及解决环境纠纷。韩兆坤（2016）认为环境治理的层面更多涉及的是国家范围内，其主体主要是政府、市场和社会，追求的是多元主体间的有效协作。杨立斌（2012）认为政府、企业、农户和公众是农村面源污染治理的基本主导者和

参与者，在农村面源治理中分别发挥各自的功能和作用，此外，非营利组织、大众传媒和舆论监督同样在农村面源污染的治理中起到不同的作用和扮演不同的角色。另一种观点并不否认环境治理参与主体的多元化，但是认为其中政府在环境治理中具有核心与主导的作用，环境治理主要依赖政府的公权力运行。如范仓海（2011）认为水环境治理是指以政府为核心的相关利益主体，运用经济、法律、财政、信息等手段防治水资源污染，以改善水环境质量及其功能的过程……水环境治理是政府的重要责任。唐任伍、李澄（2014）认为：传统的治理理论强调以社会为中心，而元治理理论则主张将政府请回治理的中心位置……元治理理论主张的将政府请回中心的思想更加侧重于责任而非权力，从这种意义上看，政府更像是治理的“同辈中的长者”，通过设计协作制度，提出远景设想，以此达成协作，并对治理失灵负责。

（二）作为政府组成的审计部门是环境治理的重要核心主体

我国的审计部门是政府体系中的一个组成部分，是依照宪法设置的政府机构。我国《审计法》第二章第二条规定：“国家实行审计监督制度。国务院和县级以上地方人民政府设立审计机关。”审计制度是国家的一项制度安排，维护国家安全是审计的任务，包括维护经济安全、维护政治安全、维护民生安全、维护生态环境安全。加强资源环境审计，促进资源节约型、环境友好型社会建设，是审计维护国家生态环境安全的职责。在审计实践中，审计机关开展了大量与环境有关的审计活动，对于规范公共资金的使用、促进达到环境治理的绩效、推进机制体制的完善等起到了不可替代的作用。

2008年，审计署出台审计工作五年发展规划，明确将资源环境审计列为六大审计类型之一，并提出着力构建符合我国国情的资源环境审计模式。为了更好地服务经济社会和资源环境工作大局，促进资源环境审计深入发展，2009年审计署发布了《审计署关于加强资源环境审计工作的意见》，要求重点对土地、矿产、森林、水等重要资源的开发利用管理和保护治理；水、大气、土壤、固体废物等污染防治；重点生态建设工程和生态脆弱地区生态保护情况开展审计，这个意见是指导全国各级审计机关积极开展资源环境审计实践的重要规定。2015年审计署发布的《关于印发进一步加大审计力度促进稳增长等政策措施落实意见的通知》进一步明确：“关注资源环境风险，加强对水、矿产、土地等资源以及环境保护情况的审计，防范危害资源环境安全等问题。”

2008 年，审计署对“三河三湖”（辽河、海河、淮河、太湖、巢湖、滇池）2001 年至 2007 年水污染防治绩效情况进行了审计调查。2001 年至 2007 年，中央和地方各级政府投入 910 亿元财政性资金及国内银行贷款，用于“三河三湖”流域城镇环保基础设施、生态建设及综合整治等 7 大类共 8201 个水污染防治项目建设。审计发现，“三河三湖”目前整体水质还比较差，淮河、辽河为中度污染；海河 49.2%的断面水质为劣 V 类；巢湖平均水质为 V 类；太湖平均水质为劣 V 类；滇池平均水质为劣 V 类。并分析了其中的重要原因：“①相关政策措施不够完善：一是环保审批前置相关制度不够完善；二是生态环境补偿机制尚不健全完善；三是水污染防治统计和考核指标体系不够完善。②部分水污染防治工作尚不完全落实到位：一是部分地区环境执法不到位；二是部分入湖河流及源头地区水污染治理力度不够；三是部分地方农业和农村面源污染治理工作薄弱，城镇污水、污泥和垃圾处理不完全到位，如有的地方种植业过量施用化肥和农药，养殖业污染物环保处理率低；四是部分经济技术开发区等园区对环保工作重视不够。③部分水污染防治资金管理和使用不够规范：一是挪用和虚报多领水污染防治资金 5.15 亿元；二是少征、挪用和截留污水处理费及排污费 36.53 亿元；三是水污染防治资产闲置和部分污水处理厂实际处理能力未达到设计要求（审计署，2009）。”

2012 年，审计机关开展了“2012 年节能减排专项资金审计”，对农村和农业污染减排进行了审计，发现各地在规模化畜禽养殖污染防治方面，存在着污染情况严重、财政投入不足、环保等部门监管不到位以及污染处理设施不健全、违规向水体倾倒畜禽粪便、污染物排放缺乏在线监测和视频监控，排污量数据不能及时、准确反映，财政投入防治资金少以及禁养区畜禽养殖污染整治资金申报不规范、治理工作进展缓慢，部分防治设施闲置或损坏、缺少集中处理设施等问题。审计机关进行了原因分析：一是规模化畜禽养殖业地区（如生猪调出地区）大多财力比较薄弱，财政资金投入不足；二是畜禽养殖业市场波动较大，污染治理设施投资较大，一般养殖户难以承受；三是环保部门对规模化畜禽养殖项目环保审批缺乏制度性约束，导致大量规模化畜禽养殖项目未纳入环评监控范围等。针对存在的问题，审计机关提出了各级政府及环保、财政等有关部门应尽快制定畜禽养殖业污染防治规划、加大污染治理财政投入力度、进一步加强对畜禽养殖业的监管确保农业源污染减排落到实处、建立健全对规模化畜禽养殖项目环保审批约束性机制、采取有效措施确保及时准确地将规模化畜禽养殖主要污染物排放总量纳入地方主要污染物总量考核数据；通过政策引导、监督检查等工作，促进企业建设污染处理设施；按规定开展环评工作及安装在线监测设施，准确掌握规模化畜禽养殖的污染情况等审计建议。

在环境治理活动中，审计部门作为专业的和独立的监督机构，通过审计或审计调查，能够获得比较真实客观的信息资料，并切合实际地进行分析和评价，从体制和机制方面提出审计建议。并且，审计部门还能够对问题的整改进行跟踪监督，直至建议得到真正贯彻落实。审计对于实现环境治理成效、维护生态环境安全具有重要的意义，是环境治理的重要核心主体。

二、我国农村环境污染治理的财政投入需要审计的监督与评价

环境保护越来越成为各国政府关注的焦点。政府对环境治理有着多方面的责任，包括推动法律制定和完善、制定政策规章、推广技术、投入资金、监督管理、引导国民意识等。其中非常重要的是大量的资金投入。我国的环境保护和建设项目支出在公共支出中的比重逐年上升（2011 年除外），投资力度不断加大（见表 1）。2006 年之前，国家财政预算没有单独的环境保护支出项目，2003 年初国家环境保护部开始与财政部研究建立“环境保护”大类支出科目，并在 2006 年正式运行，2011 年改为“节能减排”大类支出科目。2008 年、2009 年、2010 年、2011 年全国公共财政支出（决算数）用于环境保护（节能减排）的资金分别为 1451.36 亿元、1934.04 亿元、2441.98 亿元、2640.98 亿元，2009 年、2010 年、2011 年环比增长率分别为 33.26%、26.26%、8.15%，其中 2009 年、2010 年的环比增长率均分别大于同期全国公共财政支出 21.9%、17.79% 的增长率，各年节能减排支出占同期全国公共财政支出的比例保持在 2.3% 到 2.8% 之间。

中央环境保护专项资金是指中央财政预算安排的，并专项用于环境保护的财政资金。中央财政环境保护专项资金从支持的重点领域与范围来看，大体可以划分为以下三种类型：（1）综合性专项资金，是指支持多个区域、多个领域、包含多种要素的环境保护专项资金，如中央环保专项资金等。（2）特定区域性专项资金，是指支持范围为某个或某几个特定区域的中央环境保护专项资金，如“三河三湖”及松花江流域水污染防治专项资金。（3）特定领域与要素类专项资金，是指支持范围为特定领域或环境要素的专项资金，如自然保护区专项资金、中央农村环境保护专项资金等（逯元堂等，2010）。

表 1　我国公共财政支出（决算数）与环境保护支出

Table 1 The expenditure of public finance (final accounting of revenue and expenditure) and the expenditure of environmental protection in China

单位：亿元

年份	2008	2009	2010	2011
公共财政支出	62592.66	76299.93	89874.16	109247.79
环境保护支出	1451.36	1934.04	2441.98	2640.98
环比增长	—	33.26%	26.26%	8.15%
占比	2.32%	2.53%	2.78%	2.42%

资料来源：财政部网站 http：//www.mof.gov.cn/

自“十一五”期间，中央财政对环境保护的支持力度进一步加大，主要污染物减排专项、中央农村环保专项、重金属污染防治专项等专项资金相继设立。“十一五”期间中央财政累计投入环境保护专项资金 746.33 亿元，用于解决重点领域、重点区域的重大环境问题，对实现环境保护目标，保障环境安全起到了重要的作用（逯元堂，2011）。

巨额的财政投入，其管理和使用是否合理、合法，是否取得应有的效果，是社会关注的焦点，对其活动进行及时监督、评价成为一种社会需求。在现代社会中，政府接受人民的委托进行国家治理，而国家审计的制度安排则是为了确保政府有效履行这种公共受托责任。依据我国宪法和审计法的规定，国家审计机关通过对各级政府及其各部门的财政收支、金融机构和企业等市场主体的财务收支的监督，促进政府各项重大决策贯彻落实，并服务于各级人大对本级预算执行及其他财政收支的监督。2009 年 3 月，温家宝总理的《政府工作报告》指出：财政资金运用到哪里，审计就跟进到哪里。财政审计是国家审计的永恒主题，对于完善公共财政管理体系起到了不可替代的推动作用。资金量的大小决定了经济的活跃程度，而经济的活跃程度又决定了对其监督的重要性（张岩，2010）。对于环境保护这样资金投入大、见效时期长、涉及范围广的特殊经济活动，及时监督资金的管理和使用，促进资金发挥效益是非常必要的。审计作为监督控制系统，目标是维护人民群众的根本利益，通过审计提供真实可靠的信息，并督促政府明确责任、落实责任。包括环境保护支出在内的公共支出审计，不仅包括对公共资金收支的审计，以监督检查公共资金使用的真实性和合规性，还要对公共资金的使用效果进行审计，以监督检查资金使用的经济性、效率性和效果性。随着环境保护支出的不断增长，审计对于环境污染治理的作用和意义将更加重大。

三、审计的优势更有利于推动环境污染治理

审计是国家的一个监督系统，通过审查、评价、分析、披露等行为，制约权力、发现问题、分析机制体制原因、促进整改、透明信息。审计监督体系的更好运行，得益于审计的五个优势。

（一）审计的体制优势有利于信息沟通和利益协调

目前世界上已有160多个国家和地区建立了适合自己国情和地区特点的政府审计体制。政府审计体制分为四类：①立法型。立法型的特点是：审计机关与立法机关的关系比较紧密，有些国家最高审计机关的审计长是议会成员，立法机关会对审计工作安排提出要求，审计机关受议会委托对政府部门进行定期检查或专题检查，并向议会报告工作情况，审计机关最高负责人的任职期限较长。②司法型。司法型的特点是：审计机关不仅拥有对公共部门进行财政财务审计和对国有企业进行财务审计的职能，还拥有一定的司法权，对给国家利益造成损失的公务人员可以进行司法判决，以法律形式强化审计的权威，最高审计机关负责人任期一般为终身制。③独立型。独立型的特点是：审计机关是独立于立法、行政和司法部门之外的一个独立的监督系统，通常无处理处罚权，对审计过程中发现的违法违规行为或需要改进的政策法规等问题只能要求相应主管机关予以处理或改善，无法做出有强制力的处罚决定，强调审计立场的公正性。④行政型。行政型的特点是：审计机关隶属于国家行政系列，最高审计机关在国务院总理领导下，行使审计监督权，依照法律规定对政府各部门、各单位的财政预算和收支活动进行审计。

我国的审计体制属于“行政型”，审计署与中央政府其他部门同属于政府行政体制，在国务院的统一领导下各司其职，最终职责、运行目标和存在环境在本质上是一致的，审计以党和政府工作为中心，与政府工作目标相统一，工作容易展开，有实效，容易得到政府支持；审计与政府其他部门有着正常和畅通的信息沟通渠道，还能够协调各部门之间由于不同部门利益导致的冲突，审计成果转换快、效率高，便于职能的发挥。审计以审计工作报告、审计简报、要情要目等信息载体形式，直接与国务院或者有关部门进行交流沟通，提高了审计成果的利用程度，加快了相关信息的获取效率，能够较迅速地达到审计

目的。

农村面源污染治理，涉及财政部门、农业部门、环保部门、技术推广部门、企业、农户等，形成错综复杂的利益关系。从政府部门来讲，如果把政府理解为一个有机的整体，显然是简化了构成政府的个体的利益关系，而这种利益关系恰恰是理解政府行为的基础。应该说，政府是由个体所构成的一个集体，政府的行为是构成政府的个体利益冲突与协调的结果。由于我国政府部门间固有的条块分割，各部门之间缺乏直接的交流，信息不是很畅通，管理上也存在着各自的利益，基于部门利益的自我监督和检查不能完全反映国家的整体利益和规制要求。企业则往往为着利润的需要将环境资源当作可以免费使用的“公共物品”，采用“掠夺式”方式从环境资源中获得最大利益。面对利益冲突，需要建立起信息的交流与传递沟通，并通过制定法律、法规、政策和相关原则、设立相应的管理机构实施社会发展规划，加强对各利益关系方的来自外部的监督检查，才能解决环境利益关系中的问题。审计正是一种传递交流信息和协调利益冲突的活动，审计制度安排是一个利益相关者利益协调的过程，它因利益相关者的利益关系的变化而变化（吴联生，2003）。而我国“行政型”审计体制的设置，更加有利于传递交流信息和协调利益冲突。审计既是利益相关者利益协调的机制，也是利益相关者利益协调的结果。审计的意义在于通过对经济组织财务收支活动的真实、合法、效益进行监督和发布审计信息公告，来维护各利益主体的利益关系，从最初关心财物使用的合法不合法，到关心财物使用的有效、无效、效果好坏，最后关注政府责任的履行及效能上，并对政府公共资源管理使用的效果进行监督评价。

（二）审计的独立性有利于客观公正地监督和评价农村环境污染治理

一项活动或者资金的使用需要客观公正的监督和评价，才能使其更好地发挥作用达到效果，并形成正确的激励和导向。而做到客观公正的监督和评价，独立性是一个基本要求。审计是一种监督活动，而审计监督区别于其他经济监督的根本特征在于其独立性。独立性，即它依法独立行使监督权，不受外界干涉。在经济监督体系中，审计监督是由专门机构、专职人员进行的专业的独立监督。独立性是审计的灵魂。审计监督是审计权力对政府行政权力的一种制约，必须独立行使监督权。为了使政府审计具有独立性，国际社会强调要以宪法规定审计机关的机构和职能，要以法律保证审计的独立性。1977 年 10 月，最高审计机关国际组织著名的《利马宣言——审计规则指南》第二章，专门提出政府审计的独立性问题，对最高审计机关的机构独立性、成员和官员的独立性、财政上的独立性做了规定。一般认为，审计的独立性包括组织独立、人员独立、经费独立和工作独立四个方面。世界各国在建立自己的政府审计制度时，都注意在本国宪法以及专门的法律、法规中通过各种措施保证审计依法独立行使职权，通过强制性的法律手段，使审计的独立性真正落到实处。

我国的宪法、审计法和审计法实施条例从审计机关组织和领导体制、审计职责和权限、审计经费和审计人员履行职务的保护等方面，对审计机关和审计人员依法独立行使审计监督权作出了规定。我国宪法第九十一条规定：国务院设立审计机关，对国务院各部门和地方各级政府的财政收支，对国家的财政金融机构和企业事业组织的财务收支，进行审计监督。审计机关在国务院总理领导下，依照法律规定独立行使审计监督权，不受其他行政机关、社会团体和个人的干涉。审计法第五条也做了类似规定。同时审计法第十一条规定：审计机关履行职责所必需的经费，应当列入财政预算，由本级人民政府予以保证。审计法第十五条规定：审计人员依法执行职务，受法律保护。任何组织和个人不得拒绝、阻碍审计人员依法执行职务，不得打击报复审计人员。审计机关负责人依照法定程序任免。审计机关负责人没有违法失职或者其他不符合任职条件的情况的，不得随意撤换。这些有关审计人员进行审计活动的法律规定，保障了审计人员独立性。

我国农业环境治理资金的使用，涉及部门多、范围广，资金和项目的延伸较长。审计的独立性确保了审计部门可以依法独立实施审计，获得真实的审计证据，对我国农村的环境治理效益进行客观的评价，维护国家环境安全。

（三）审计的信息优势有利于深入分析和全面评价

政府审计作为监督部门，审计对象非常广泛，凡是有财政资金的地方，都是审计的对象，包括政府部门、银行机构、企业单位等。审计以公共资金为线索，打破了各个审计对象之间的隔阂，通过预算执行审计、资源环境审计、经济责任审计、政策措施落实审计等日常大量的审计项目，直接掌握了综合全面的第一手资料，能够深入分析和全面评价农村环境污染治理资金使用的情况和绩效，为政府部门提出有效的建议，促进国家环境治理水平的提高。这一信息优势是政府审计所独有的。审计实践中，审计署在组织实施环境审计项目时，围绕“资金、项目、政策、责任”这四方面内容开展环境审计工作，揭示和反映了一系列环境保护政策落实、项目建设运营和资金管理使用等方面的问题，引起了国家有关部门和地方政府的高度重视。比如在京沪高速铁路建设项目、西气东输二线和汶川、玉树地震灾后恢复重建等情况的审计调查中，发现部分项目违反国家环保政策，造成环境污染等问题，审计署起草与环境保护工作相关的重要信息要目并上报国务院。

同时，审计机关向社会公布审计结果，将部门的信息优势转为公众的公共产品，充分保障社会公众的知情权和参与权，引导和调动公众对政府部门和有关市场主体实施有效的社会监督，也将政府审计的工作成果置于公众的监督之下，反过来促进了审计信息的利用效果和审计分析水平的提高。2011 年，全国共发布审计结果公告 4400 多期；审计署主动公开审计信息 1 万多篇（条）。积极提出加强管理和深化改革的建议，为中央决策及有关方面完善制度提供参考和依据。全国审计机关提交报告和信息 12 万多篇，促进建立健全规章制度 4500 多项。各地各部门针对审计指出的问题制定整改措施 1 万多项，普遍建立健全了整改报告制度和责任追究制度。“十二五”时期，全国共审计近 70 万个单位，促进增收节支和挽回损失 1.7 万多亿元，移送重大违纪违法问题线索 2.2 万多件，推动健全完善制度规定 2.7 万多项。党的十八大以来的 5 年间，全国共审计 65 万多个单位，促进增收节支和挽回损失 2.5 万亿元，推动健全完善制度 2.38 万项，移送违纪违法问题线索 2.35 万件。

（四）审计的问责有利于维护法纪、推动环境治理措施真正得到落实

问责制是法制国家追究公职人员责任的一种最基本、最常用的行政制度。行政问责制是我国政治文明建设的一个组成部分，作为一种制度设计，其宗旨是建设责任政府、法治政府。政府审计对被审计单位财政财务活动进行监督检查，以及对领导干部经济责任履行情况作出评价，通过审计决定直接提出处理处罚意见、移交纪检监察司法机关处理、责成被审计单位自行纠正处理这些问责方式，能够有力加强政府及国有企、事业单位的责任。审计推动整改与问责的严肃性，审计特别是环境经济责任审计最终落实到人的务实特征，使得对人这一最活跃因素的约束和激励得到比较优化的融合，更有效推动农村面源污染的治理。近几年，审计署加大了审计问责整改结果的报告公开力度，并自 2015 年起，建立了将整改和处理情况与全国人大常委会报告沟通的机制，各地也建立健全了整改情况报告制度，责任人得到处理，维护了法纪，推动了政策措施落实。2015 年移送重大违纪违法问题线索和事项涉及人员 5750 人（审计署，2016）。2017 年 3 月 12 日上午，时任审计署审计长的刘家义在人民大会堂“部

长通道”接受媒体采访时表示，对于同类问题的屡审屡犯，加大整改力度，各方面都非常重视，全国人大2015年建立了整改的工作机制，全国人大常委会首次听取整改情况报告并进行专题询问，国务院办公厅还把审计整改纳入督查督办的事项，现在整改的到位率越来越高，基本都在98%、99%以上（审计署，2017）。

（五）审计的专业优势有利于有效促进提高资金的管理水平和效益

农村面源污染治理可以从技术、经济、制度等不同的视角进行探讨。审计制度同样是一项制度安排，但是从审计的视角进行研究与其他制度不同的是，审计作为专职的监督部门，具有较高的专业性。长期的审计专业实践使国家审计对审计对象有着比较深刻细致的了解，积累了关于资金运用违法违规查处、资金效益的检查评价方法，以及从体制、制度入手进行深入分析的知识和能力，能够提出比较切实可行具有实际意义的改革建议，推动农村环境治理的进展。

四、我国目前尚未全面开展农村面源污染治理审计

农村面源污染已经成为农村环境面临的主要问题。国家财政在农村环境治理方面投入的资金在不断增长，如何用好资金，发挥效益，维护国家环境安全，是政府和公众关心的问题，对其活动进行及时监督、评价成为一种社会需求。审计作为专业的监督系统，应当立足本职，以审计实践为基础，建立农村面源污染治理的审计体系，更好地反映资金的使用情况和效益，更好地反映农村环境政策的落实情况，为政府改进环境政策提供依据，也更加凸显国家审计的价值。

根据我国环境保护部《重点流域水污染防治规划（2011-2015年）》目标，松花江流域、淮河流域等八个重点流域初步确定骨干工程项目6007个，估算投资3460亿元，资金来源主要有中央财政、地方财政、金融机构资金等。对于这样一种工程建设项目多、资金投入大、建设时期长、涉及区域广、利益关系复杂的特殊经济活动，建立一套适合农村面源污染审计需要的制度安排，及时监督治污资金的管理和使用，防范风险，维护工程质量，促进工程建设资金发挥效益是非常必要的。

从已经开展的农村环境审计来看，审计署和地方审计部门取得了很大成绩，开展了包括松花江流域、珠江流域、太湖流域水污染防治审计等大型跨区

域合作审计项目，和诸如禽畜养殖污染防治审计等统一的审计项目，发现和纠正了资金使用中存在的问题。农村的面源污染治理审计，需要在审计思路、审计方式等方面有所创新。①农村环境治理资金来源的多样性特点，需要由不同的政府审计主体对其资金投入进行审计监督，不同的政府审计主体之间还存在着项目和信息的隔阂，不能反映农村面源污染治理的总体情况。②资金投入的长期性和连续性，客观上需要审计的连续性，将整个资金投入、使用过程置于更为严密的审计监督之下。当前实施的审计，还没有开展连续的农村环境污染治理审计，没有成为常规性的审计行为。③农村污染治理资金的投入效果具有不确定性，需要采用跟踪审计模式更早地关注资金的使用。当前实施的审计，基本上侧重于若干次的事后审计，而且资金延伸在农村地区，信息比较滞后，制约了审计促进改善管理，提高效益的作用，也造成信息无法及时披露，影响了政府和公众的知情权。④农村环境问题并不是单一的，有工业排放的影响、农业生产自身的后果等，其解决方式也并不是简单的关停取消或者减少规模，而是要采用综合的治理手段，如采取技术、生态措施，改进生产组织方式等。审计要从体制机制方面提出改进建议，还必须探讨污染产生的根源和长远的治理措施，需要经济学、生态学等的知识结构。当前的审计建议比较局限于资金管理等方面，还缺乏深入的研究和分析。这也与审计拥有的信息优势和专业优势不相匹配。

因而，应以现有农村面源污染治理审计的实践为基础，改进形成适合需要的规范的农村面源污染治理审计，整合审计资源，创新审计模式，提升审计成果，使得政府审计发挥更加充分的作用。

第四节　国内外对农村面源污染及其治理的研究

一、国外已有的主要研究成果及简单评价

（一）国外已有的主要研究成果概述

国外的农业同样经历了面源污染的过程。国外发达国家早在20世纪70年代就开始重视农业面源污染（张宏华、李蜀庆、杜军等，2003）。20世纪70年代中期，是农业面源污染机理研究大发展时期。20世纪80年代，研究的重点

转向农业面源污染的管理和控制，相继出现了监测与评估模型。1989 年欧盟委员会第一次在官方文件中明确提出面源污染的问题，美国的《安全饮用水法》（修订版）、《食品安全法》等法案都有明确针对农业面源污染的相关条款和规定。进入 20 世纪 90 年代，农业面源污染物迁移、转化研究，流域尺度的面源污染负荷估算，农业面源管理模型和农业面源污染风险评估成为这一时期模型研究的最新突破点。政策上，欧盟出台了《欧盟硝酸盐法令》，德国开始实施《德国肥料条例》，法国在硝酸盐污染区实施平衡施肥技术，制定肥料禁用时间，丹麦制定了不同土壤和不同耕作方式下的氮肥最大施用量（余进祥、刘娅菲，2009）。

Vladimir Novotny（1999）研究了世界范围的农业面源污染，指出：在 1950 年以前，大多数农场使用容易被土壤和水体降解的有机肥。而 1950 年之后发生了强烈的改变，农场使用大量的化肥和杀虫剂，以维持产量和显著增加效率。同时，从 1950 年开始，大面积的森林被采伐，用于农业和城市建设，人口大量涌向城市。由于森林砍伐、化肥和杀虫剂应用、禽畜养殖，致使地表和地下水质量下降，土壤被侵蚀和流失。为了减少面源污染，美国和欧洲实施了可持续农业发展。

Brian M. Dowd、Daniel Press、Marc Los Huertos（2008）以美国加利福尼亚中心海岸为案例，通过回顾自愿的、强制的、经济的（如税收、津贴、政府财政援助、排污许可交易、责任和惩治）的措施，论述了政策分析的重要性。研究发现：在北美，人们很少分析农业面源污染政策的有效性，甚至很少关注如何克服政策执行障碍以达到想要的环境治理成果。该项研究评估了加利福尼亚中心海岸地表水营养污染物的农业面源污染治理政策，提出了农民、监管机构、其他股东面对的政治上的、预算上的和技术上的障碍，认为应当分析所执行的治污政策，并与地方的和联邦的政策制定者沟通，以成功地制定和执行政策，取得环境治理效果。

G.D. Agrawal（1999）论述了印度农业面源污染对水体影响的特点。印度农业和农村人口仍占优势，拥有差异很大的降水和干旱地区，仍以传统农业生产方式为主，使用的化学肥料和杀虫剂相比发达国家还是比较低的。对水污染的影响因素在于传统的河流生存文化、对规则制度的漠视和极端薄弱的法律强制体系，以及典型的季风气候。在非季风季节，水污染主要来自农村社区和城市点源排放而非农业面源污染。而在季风季节，随着河水泛滥，伴随大量来自农业的溶化盐、营养素、有机物甚至重金属和细菌污染物的严重的淤泥阻塞，导致了水污染。在印度，惯常的污染控制方法如排放许可、环境影响评价、环境审计、执法机构的强制执行，似乎对污染都不起控制作用。

Paul Kay、Anthony C. Edwards、Miles Foulger（2009）研究了英国农业管理措施对水质改善的影响效力。英国面对着必须花费资金改善水质以符合法规标准的要求。法规鼓励源头处理而非排水管终端处理。由于水污染主要源自农业生产，所以农业管理措施就成为源头处理的手段。研究证明了一系列鼓励农民采取环境友好的农事生产的可行措施，已经改善了水质，但这些措施的影响效力受许多因素（如土壤类型和污染物化学成分）的影响，所以应具体问题具体分析，进一步更完全地确证农业管理措施对水质的影响效力。

Sagardoy（1993，转引自 Edwin D. Ongley）总结了世界粮农组织（FAO）在农业领域采取的水质量行动项目：建立和实行成本效能合算的农业用水质量监控体系；阻止对于水质量和湿地有负面影响的农业活动和经济活动；为农业用水、海洋以及河流生态系统建立生物的、物理的、化学的水质量标准；阻止土壤流失和沉降；适当地处理来自人类居住区下水道污物和集约化禽畜饲养产生的粪便；最小化农业使用化学品的不利影响；开展关于使用化肥和化学品对水质和粮食安全影响的社区教育等。

Edwin D. Ongley（1996）提出了发展中国家普遍存在的有关水污染资料方面的问题：一是发展中国家水污染资料非常有限，而且这些资料都是“总计式的”，没有区分“点源”与“非点源”污染。如泰国公共健康部对监控的 32 条河流，是按照污染类型如有机、细菌、重金属分类的。印度杀虫剂消耗量在 1958 年 –1975 年已经增加了近 50 倍，但印度 1973 年 –1974 年报告的却是平均数，仅仅 330 克 / 公顷，而同期美国是 1483 克，欧洲是 1870 克。二是可以获得的资料在污染管理方面既没有什么价值，也对确定与农业有关的污染的影响没有用处。这些资料从错误的地点，选择了错误的参数，以不适当的抽样频率，使用了错误的培养基，产生了不可靠的数据，不能充分反映现实情况、管理目标，不能用以评价。这并不单纯是发展中国家的过错，更多的是因为从发达国家引进了不合适的技术转让，以及捐赠者和接受者认为发达国家适用的资料范式也适用于发展中国家的不正确的假设。另外，从世界范围看，水质量监控计划处在政府消减预算、缩减和改变优先重点的压力下，“监控”变成一件政府越来越不情愿为此支付的事情，可能是因为缺乏对可靠的水质量信息的需要。幸运的是，新的科学技术和预算现实使人们重新考虑和设计更有重点、更实际、更有效率、更富含信息的，适合计划目标的资料规划。

（二）国外已有研究成果的简单评价

国外比国内大约提前十年认识到面源污染问题并开始研究，研究中比较注重从社会环境、法律和政策的角度评价其治理的适当性和效率效果，多通过案例和实证进行分析，增加实际意义和借鉴价值，同时也反映出各国的不同国情下污染治理的不同手段及其效果的差异。

不论发达国家还是发展中国家，都存在面源污染的问题，但是社会基础和解决方式存在很大差异，因而研究文献也表现出不同的研究内容。发展中国家存在资金欠缺、数据不足、民众的认识水平有限等问题，相应的研究文献多针对这些薄弱环节提出对策。而发达国家环境治理的财政保障能力强、法律和制度比较完善、公共信息透明度高、各个主体参与社会活动具有较高的主动意识，因而对于发达国家的研究文献主要集中于分析资金和政策措施的效果以及改善的路径。

国外的研究，一方面为我国治理农村面源污染提供了富有价值的参考。另一方面，也要关注研究成果在我国的适用性。国外的土地多为私人所有，一些农场主拥有大面积的土地。而在我国，根据《土地管理法》，实行土地的社会主义公有制，即全民所有制和劳动群众集体所有制；《农村土地承包法》规定国家实行农村土地承包经营制度。在农地所有制和经营方式上的特殊性，使我国的农村面源污染治理研究在制度基础上就存在了根本的差异。

二、国内已有的主要研究成果及评价

（一）国内已有的主要研究成果概述

我国最早的面源污染研究，经过搜索中国知网可知，始于 1984 年，载于《海洋环境科学》第 3 卷第 1 期的《浅谈海洋的面源污染》，作者为冯克亮，主要介绍了国外的污染治理方式和成果。农村面源污染研究，最早见于 1993 年《农业环境与发展》的《公元 2020 年农村面源污染控制战略目标研究》，作者周健、张永祥、段佐亮，文章分析了当时我国的农村面源污染状况，提出了 2020 年的控制目标预期。而农业面源污染的最早研究，始于张水铭、马杏法的《苏南太湖地区农业面源磷的污染》，载于《土壤》1995 年第 3 期。这些文献较早地关注到了我国农村面源污染问题，借鉴了国外的相关研究成果，提出了一些可行的措施。之后，随着农村面源污染越来越严重，这一问题更加受到社会的重视，相关研究也越来越丰富。

现有的关于农村面源污染的研究成果，从内容看，可以分为三大部分，第一部分是关于农村面源污染形成的原因分析，第二部分是关于农村面源污染的防治对策，第三部分是关于农村面源污染防治绩效的评价。由于很多文献同时论述第一和第二部分，即同时进行原因分析和提出对策，所以将这两部分合成一个大的部分。

1. 关于农村面源污染的原因分析与防治对策

这部分文献，有些原因分析是从面源污染的来源进行的，有些则从经济学的角度进行了更加深入的剖析。关于防治对策，有些从技术措施方面进行了研究，有些从法律制度建设、经济投入、强化管理等方面进行了研究，有些则兼而有之。从研究对象看，有些是面对全国的情况进行分析，有些以某个具体地方为例进行针对性的分析。

高良敏、陆根法（2010）在新农村建设的背景下，从社会经济学角度分析了农村面源污染的原因。我国的二元社会结构是造成农村面源污染问题日益严重的深层原因，城乡人口结构性矛盾、城乡经济发展水平悬殊、农村环境基础设施严重滞后是重要因素，缺少资本的农民不得不走资源消耗型的发展路径，造成一系列农村环境问题。作者进而提出，由于农村的环境支出大于其所得到的环境收益，以及农村为城市工业化建设和国家其他公共事业的贡献，需要建立城市补偿农村的新机制，农村面源污染的城市“环境反哺”时机已经成熟。

陈华东、施国庆（2009）主要研究了农村劳动力转移对农业环境的影响，认为农业生产中人与技术两者的相互替代作用，使农业面源污染不仅与农业劳动力有关，还与农业技术的使用方式有着密切关系。当农村劳动力转移时，农村的农业生产技术也在发生改变。由于更多的劳动力从农业生产中转移出去，遵从自然精耕细作的传统农业生产方式被工业化的生产方式所替代，最大限度地开发土地，打破农业生态规律，大量使用化肥农药而废弃农家肥和秸秆等有机肥料。农业生产方式转变对环境的影响效应大于农村劳动力转移减轻的环境压力。该文选取江苏省射阳县作为对象，进行了实证分析。

文传浩、张丹、铁燕（2008）从新农村建设的重要性入手，分别分析了农业面源污染对生产发展、生活宽裕、村容整洁和管理民主与乡风文明的影响，将农村面源污染治理的紧迫性与新农村建设具体结合，进一步体现了农村污染问题的严重性。

刘超（2008）从水权制度的视角，提出了现存制度在解决面源污染中的困惑。水权是水资源商品化的前提条件，目前用水的浪费，究其根本原因就是水权的虚置导致水权的界定及分配不明确，因此引入水权分析考察对面源污染控制的制度绩效。农村面源污染的发生和日趋严重，一个重要原因是由于对农业用水没有一个制度安排上的制约，创设水权制度用于农业用水，在节水的同时也可控制面源污染。但其中存在着水权配置问题、利益纷争、作用有限、增加农民负担、排污量测定成本高的困惑。

陈红、马国勇（2007），陈红（2010），运用现代经济学的分析范式，按照界定经济环境、设定行为假设、给出制度安排、选择均衡结果、进行评估检验比较的程序，分析了农村面源污染具有的经济学特征。农村面源污染具有的明显外部性和公共物品特征，导致市场失灵。解决农村面源污染问题，主要依靠政府对外部性的矫正措施，各级政府的干预将会对消除私人间的交易成本起主要作用，政府在农村面源污染治理方面应该更多地利用经济手段和激励机制，控制自然资源的输入和污染物质的输出，使生产者和消费者行为朝着有利于环境友好的方向发展。然而存在着中央政府防治农村面源污染的规制与地方政府保护面源污染生产者行为的困境，所以应纠正以产量增长为导向的对地方政府的绩效评估指标体系，推行绿色的激励机制，用经济手段和必要的行政手段规范地方政府行为，加强地方政府治理面源污染的能力。农村面源污染的经济学分析，为政府在治理中承担主要责任提供了理论依据，同时为引导地方政府行为提出了思路。

赵爽（2009）研究了我国土壤面源污染的立法现状，指出我国目前尚无针对土壤污染防治的专门法律法规，现有土壤污染防治制度存在级别低、可操作性差、缺乏生态保护理念、侧重点源污染等问题，难以有效保护土壤减少污染。借鉴日本的土壤保护法律制度体系，从行政管理体制、与其他法律如水大气固废污染防治立法的统一协调性、制定农业环境标准、建立土壤污染应急措施等方面提出了我国农业用地土壤污染防治的立法思路。法制建设是农业面源污染治理的重要保障，某些法律制度的缺失也是农业面源污染加重的原因，如何建立适用的法律体系是一项研究的课题。该文献结合我国现实，提出的总体构想和具体措施具有较高的可行性。

白玉华、郭岩、张岩（2009）分析了农村水环境面源污染的原因和对策。水环境是农村面源污染的主要体现对象。化肥、农药、禽畜养殖、生活污水垃圾等使农村水环境日益恶化。应当从完善法规和管理体制、大力推广先进技术、提高农民环保意识、加大经济支持力度等方面解决农村的面源污染问题。

张克强（2008）总结了国外控制农业面源污染的手段和可以借鉴的经验，并具体介绍了我国三种清洁工程的模式，包括关键技术、特点、经济社会生态三方面的效益分析。建立健全法规和政府主导治理污染是国外的主要防治经验。具体的案例分析为面源污染的防治提供了可以参照的借鉴，有助于经验的推广。

张和平、白贞爱等（2009）在对农村面源污染现状描述的基础上，以示范区的实际效益为例，论证了推广农业清洁生产的经济效益和环境效益，并从多个方面提出了控制农村面源污染的对策。

张杰丽、林涛、毕永君（2006）以抚顺农村面源污染为对象，提出了缓解当地禽畜养殖污染的对策，即建立集约养殖和有机利用的循环模式，有针对性和一定的借鉴意义。

刘永德、何品晶、邵立明（2008）以太湖流域为例，以非常详实的数据资料，具体分析了农村生活垃圾对面源污染的贡献。由于垃圾直接入河或沿河堆放，使太湖流域富氧化不断加剧，因此，农村生活垃圾治理是主要的任务。史龙新、李向阳、王宁、杨林章（2006）针对太湖地区农村的面源污染特点，提出以治水为关键、实现减源－治污－修复总体目标的污染控制总体思路，即控制农村生活污水技术、农田氮磷排放技术、农村生活垃圾收集处理技术、农村地表径流控制技术、河道生态修复技术，同时探索适合的农村面源污染管理方式。太湖流域是我国经济发达、人口稠密的地区，环境污染积淀已久、矛盾突出，地方财政实力雄厚，污染的治理以流域统一规划、加强资金投入、重视科技技术、深度治理全面修复为主。太湖地区污染治理的成效对于全国农村面源污染治理具有重要的意义。

文心田、黄永、杨万勤（2011）分析了我国和四川省当前农村存在的面源污染的情况，并从调查决策、科技推进和保障措施等方面，提出了大力发展现代生态农业，解决农村面源污染的对策和分阶段实现的目标。

丁文国、王晓梅、刘红艳（2011）以长春市开展农村清洁工程建设为研究对象，归纳了工程建设的主要内容，并对示范点的资金来源、完成情况和效益进行了比较全面的分析。

陶雪琴、郭琇、饶国梁等（2011）以广东省新丰县为对象，以调查问卷的方式对该县农村面源污染情况做了整理分析，切合实际地提出了治理的措施对策。该县是欠发达农村地区，农民收入有限，政府投入比较滞后，可以运用山区良好的环境基础、丰富的特产资源，适应城市对绿色无公害食品的需求，发展生态环保的食品工业。类似的还有丁一、赖珺（2011）以滇池为研究对象的治理政策建议。

吕忠梅等（2011）以湖北省四湖流域为研究对象，非常细致地进行了社会学的调查，深入分析了存在的问题，通过相关实证，全面提出了面源污染控制的多方参与、多元补偿、长效治理、法律保障等体制机制创新。该研究报告数据详实、论证科学，措施全面，有一定的实用价值和借鉴意义。

杨丽霞（2014）认为农村的面源污染治理问题依然举步维艰，最根本的原因在于农户追求的经济目标和政府的社会目标之间有差异，即个人理性与集体理性之间发生冲突，导致政府“自上而下”的环境管理政策在农村环境问题上显得力不从心。并从博弈论的视角，构建了农户和政府在农村面源问题治理中的博弈模型，提出充分发挥农民合作组织的优势降低政府监管成本、提高农村环境和农民参与权重有效构建多重政府绩效考评体系、政府加大环境友好型技术的研究与推广、强化经济激励手段提高政府补贴力度。

从农村面源污染治理的实践中寻求新的有效手段是近年来农村面源污染治理研究的趋势和价值体现。肖萍、朱国华（2015）在村务契约化管理的基础上，提出引入环境第三方治理，借助村务契约化管理的基本框架，形成政府、村委会、村民、承包户、村经济体、环境服务公司等治理主体按照一定的标准分类排列的农村面源污染契约化管理模式，通过契约解决农村面源污染问题，并提出从立法保障机制、多元协商机制、多元监督机制、契约生成机制、利益驱动机制、责任追究机制六个方面加以完善。

秦敏等（2017）对农业面源污染排污权交易制度进行了预见性的研究，在目前我国尚没有农业面源污染的交易先例的背景下，从建立区域农户合作组织促进标准化建设、鼓励和引导点源排污治理企业进入、排污权的初始分配比例要有助于推进面源污染治理、政府引导积极推进、排污权交易市场及监管体系五个方面，设计了排污权交易制度。这一研究在农业面源污染治理领域是具有创新性的成果，虽然还有许多细节问题需要进一步深入探讨，但是为市场化解决面源污染问题提出了思路。

2. 关于农村面源污染防治的评价

农村面源污染防治的评价包括事前评价和事后评价，这方面的文献目前非常少，前述张克强（2008），丁文国、王晓梅、刘红艳（2011）的文献涉及了经济效益、社会效益和生态效益三个方面的事后评价。

刘文英、刘坚、胡正义（2010）基于SD模型，研究了在VENSIM软件中评价模型与农村面源污染控制系统仿真模型的对接。该模型从环境效益、经济效益和社会效益三个方面，反映了由于污染控制技术和其他因素以及劳动力数、环保意识和教育等辅助变量控制而产生的农村面源污染的变化量。该模型可以用于预先评估某个农村面源污染控制研究或示范项目在实施后的长效运行程度，以减少甚至防止国家投资风险，可以作为农村面源污染控制项目立项评估的重要依据，填补了研究具有长效运行机制和长效运行技术的农村面源污染控制系统的空白。模型的复杂性可能会影响在实际中的具体运用，其实际应用价值有待进一步检验。

（二）国内已有研究成果的简单评价

我国农村面源污染的研究主要从面源污染的社会、经济原因分析，技术手段、政府行为、法规建立等治理手段及其社会、经济、生态效益等方面进行研究，角度和范围都比较宽泛，同时，既反映了我国社会带有共性的普遍情况，也反映了我国不同地区的多样化及其差异。

我国已有的相关研究成果，可以从两个维度进行评价，一个是研究的区域范围，另一个是研究的视角。

从研究的区域范围看，已有的成果可以分为研究区域范围局部问题的和研究全国范围普遍问题的。对区域范围的研究成果针对性强，措施具体可行，对当地具有应用价值，但是缺乏全国的可推广性。我国的经济发达地区如太湖流域、长江流域与经济欠发达地区在地理条件、经济基础、财政实力方面存在较大的差异，区域经验难以复制。研究全国范围普遍问题则从社会结构、法律制度、技术、环境参与者等不同的切入点进行研究，寻求面源污染治理的长期性对策。某些问题在现实中已经得到一定程度的解决，如2016年5月国务院出台《土壤污染防治行动计划》。综合来看，主要的研究结论包括：建立对农村的环境补偿机制、采用对农户的激励政策、完善法规建设、推广先进技术、环境参与者共同治理、创新交易制度等。农村面源污染治理涉及社会经济各个方面，必须以相互联系的观点加以对待，目前在各项治理措施方面还缺乏整个社会层面的系统性和综合性研究，例如环境补偿和农户激励之下的财税政策如何与国家整体的财税改革相协调，排污权交易的市场环境建设等。

从研究的视角看，相关的研究从技术、法律、制度等方面分别进行。而近年来从制度经济学的视角进行的研究成果则显示了其较强的解释和分析能力。二元经济理论、外部性、契约理论、产权理论、博弈论等都为分析污染原因和构建污染治理政策提供了理论支持。同时，由于我国政府在制度变迁中的强势地位，从制度经济学视角研究的农村面源污染问题，也为政府在治理中发挥主导作用，完善制度、加大投资、强化监管建立了理论的依据。当然，以制度经济学为视角的研究还需要进一步的细化，例如，政府如何分别针对农业经营资本化和传统兼业型小农户制定适当的激励政策、如何在辽阔分散的广大农村实施政府的监管和防范道德风险、如何通过价格机制内化污染治理的成本和反映污染治理的成效等。

由于我国面源污染治理起步较晚，相比国外的研究，在经济分析和政策效果方面还不是十分深入，实证分析还比较少。有关对策措施的实际成效还有待于时间检验，因而也限制了研究的深化。

第五节　国内外对面源污染治理审计的研究

关于面源污染治理的审计问题，目前已经有一些相关的成果。这一类研究可以分为两个方面：一是与面源污染治理审计相关的间接的研究，二是直接对面源污染治理审计的研究。

一、与面源污染治理审计相关的研究

在环境治理审计的研究中，一些研究者对水污染防治、土壤污染防治等与面源污染相关的环境治理活动从审计角度进行了探讨。

较早进行水污染治理审计研究的是浙江省审计学会课题组，其《太湖流域水污染综合治理环境审计实证研究》（2004）以实地调查资料为依据，归纳了太湖流域环境审计中存在问题的具体表现，提出了完善的措施，这些措施非常具有预见性，当前的水污染审计实践印证了研究成果的可行性。如课

题组提出要开展环境政策法规执行审计，而当前普遍进行的政策措施落实审计中即包含环境政策措施落实的审计；课题组提出在太湖流域的合作审计中要建立权威的机构统领整个审计活动，而审计机关之后进行的水污染联合审计，都加强了审计署的统一领导。该研究成果对审计实践起到了积极的引领作用。

王丽、王燕云等（2013）提出了区域性水环境绩效审计评价指标体系的构建。该研究基于“压力－状态－响应”（Pressure-State-Response，简称PSR）概念框架，针对水污染防治，构建了压力、状态、响应三个层面的审计评价指标体系，同时反映了点源污染治理和面源污染治理两个方面。相比传统的审计经济性、效率性、效果性三个方面的评价，该评价体系增加了环境压力指标和环境污染现状指标，对于审计评价会更加完善。该指标体系的建立比较复杂，依赖相关规则的标准制定，同时主观性较大，其可运用性还有待检验。

唐洋、阳秋林、邱奇彦（2013）根据湘江土壤污染防治规划，设计了湘江流域重金属污染治理审计活动，认为应根据湘江流域重金属污染产生的原因及治理情况，以资金为主线，以项目和重金属污染物为导向，开展管理措施、资金项目等的审计，引入跟踪审计。该研究是对审计实践的预先构想，可以作为审计机关的参考，研究中所提出的对政策措施的审计、开展跟踪审计，都具有一定的前瞻性。

游春晖、邢小玲、何建荣等（2014）以浙江省跨界水污染环境审计的实践为例，指出了跨界水污染环境审计亟待解决的难题，提出跨界水污染环境审计的路径选择，一是建立流域环境审计的权威机构，二是探索自愿性的环境审计及信息披露机制。该研究紧密结合水污染治理审计实践，提出的对策具有较高的实用性，可以用于审计实践活动。

黄昌兵（2015）对次级河水环境治理绩效审计进行了研究，该研究的特别之处在于：在探索自然资源资产负债表、对领导干部实行自然资源资产离任审计的新形势下，提出开展次级河流流域水环境治理审计，建立“大指标”，构建“大格局”。

这些与面源污染治理审计相关的研究，虽然没有直接或者强调面源污染，但是都与面源污染治理及其审计相关，是面源污染治理审计的组成部分，为研究面源污染治理审计提供了研究的基础和提示。

二、面源污染治理审计的研究

现有的针对面源污染治理审计的研究，主要来自于中外政府审计机关的专业性研究。

一类是国外审计机关的研究。如美国审计署自 20 世纪 70 年代开始的对于面源污染的关注以及形成的相关审计研究报告，连续几十年从审计署的视角提出观察见解和治理建议。英国审计署（National Audit Office，缩写为 NAO）2010 年发布的审计长报告《环境机构：应对英格兰的面源水污染》（NAO，2010），通过审计调查的情况和案例，提出审计署在检查环境机构应对面源污染中发现的问题和建议，引导环境机构正确认识和应对农场的面源污染。关于美国审计署和英国审计署的研究成果专门在第五章进行阐述。

另一类是我国审计机关源自环境审计实践而形成的农村面源污染治理的审计研究，主要是审计署《水环境审计指南》课题组的“农村面源污染影响水环境研究”（水环境审计指南 a，2011）。该研究成果是一个案例研究，以某一地区为对象，根据审计具体目标建立相关指标，进行实地测算，用以分析和评价该地区面源污染防治的效果。这种研究比较真实，具有指导作用。该研究是审计署首次直面农村面源污染治理审计，提出农村面源污染概念，在面源污染治理审计研究方面有着突破性的意义。

从中外的比较可以看出，我国审计机关对面源污染的关注度还比较低，与当前面源污染的严峻形势不相匹配，制约了审计在农村面源污染治理中的推动作用。

第六节　本章小结

经过多年审计实践的积累和审计研究的进步，审计理论已形成一个相对完整的理论体系。环境审计与绩效审计是审计应用理论的两个重要内容，农村面源污染治理审计既是环境审计，又要融入绩效理念，充分开展绩效审计。在农村面源污染治理中，政府审计具有独立性、专业性和全面性的特点优势，可以在其中发挥更大的作用。农村面源污染形成复杂，治理难度大，时间长。国内外已经形成了农村面源污染成因、危害、治理措施和效果的相关研究成果。

第三章　农村面源污染治理审计研究的理论基础

第一节　元治理理论和治理评价理论

一、国家治理理论概述

治理是一个源于希腊文的古老词汇，表示主导、驾驭某事物。后来，governement 的理念逐渐确立起来，它逐渐只代表一种含义：统治的思想与等级化的权力、垂直和自上而下的指挥关系，以及以整齐划一的方式推行的意志等概念联系在一起，与对国家的整体性思考密切相关（让－皮埃尔·戈丹，2010）。随着经济的日趋发展和财富的升值，实用主义占据了中心位置，在新兴的实用主义国家——美国，20 世纪 30 年代起，在关于组织尤其是企业的指导作用中开始使用一个很久不用的词：治理（governance）。从此，治理的理念开始广泛流行，被用于企业层次和国家层次，并且主要用于与国家公共事务相关的管理活动和政治活动中（王强 a，2010）。

20 世纪 90 年代，治理真正进入公共政策分析领域。20 世纪 90 年代以来，公共行为面临的现实挑战，促进了治理在西方乃至全球的兴起。治理一词在公共领域的运用，首先起源于世界银行在 1989 年发布的报告《撒哈拉以南：从危机到可持续发展》，该报告认为非洲发展问题反复出现的根源是“治理危机”，并且明确指出治理就是为了发展而在一个国家的经济与社会资源的管理中运用权力的方式。之后，治理被广泛地用于政治发展、公共行政、公共管理等的研究中。

在过去的十几年中，治理在各种语境中大行其道，各国学者也对它进行了研究和概念界定，但并没有形成关于治理的共识。英国学者罗兹 1996 年在《政治学研究》发表的一篇论文里概括了六种治理的不同含义：（1）作为最小国家的管理活动的治理，它指的是国家削减公共开支，以最小的成本取得最大的效益；（2）作为公司管理的治理，它指的是指导、控制和监督企业运行的组织体制；（3）作为新公共管理的治理，它指的是将市场的激励机制和私人部门的管理手段引进政府的公共服务体系；（4）作为善治的治理，它指的是强调效率、法治、责任的公共服务体系；（5）作为社会——控制体系的治理，它指的是政府与民间、公共部门与私人部门之间的合作与互动；（6）作为自组织网络的治理，它指的是建立在信任与互利基础上的社会协调网络。

联合国开发署 1996 年报告《人类可持续发展的治理、管理的发展和治理的分工》认为，治理是为管理国家事务而运用政治权力的实践。治理可以从三个要素来理解：第一，一个国家政治权威的存在形式；第二，在管理经济和社会资源时权威的运用手段；第三，政府通过设计、形成和执行正确的政策来高质高效地履行职能的能力。世界银行对治理的界定是：一个国家的权威得以运用的传统和制度，它包括选择、监督和取代政府的程序；政府有效制定和执行正确政策的能力；公民和国家对于那些控制经济和社会互动的制度的尊重（World Bank，1992）。

二、元治理理论在农村面源污染治理审计中的应用

在各种定位国家、市场、公民、组织不同作用的治理理论中，被称为“元治理”的治理理论，更关注国家（及政府）在治理体系中的“位置”或角色。在“元治理”中，国家发挥着主要的作用，它必须平衡地方、国家、地区、全球各层次的治理，并相应协调它们的行动，它担当制度设计、提出远景设想和任务，它还同时包含为集体反馈、不同行动场所和领域间的功能联系和物质依赖提供学习机制（王诗宗，2009）。同时，正因为国家在治理中重要的承担地位，所以走向善治的国家必须转变政府职能，完善法治，加强监督。基于完善行政监督机制的需要，必须健全行政决策和责任追究制度，加强对权力的监督。农村面源污染治理涉及环境生态和经济发展、涉及不同地方、农户、企业等各方利益问题，需要一个强有力的“治理者”进行协调和规划。在我国行政力量依然占主导的国情下，政府特别是中央政府，无疑是治理活动中能够进行资源分配、利益协调的主要力量。一方面，在农村面源污染治理中，由于污染治理既关系国家整体生态环境建设，又涉及不同地方的合作，资金投入、任务安排一般由国家和地方共同负责，主要运用公共财政作为治理的投入要素。

（一）农村面源污染治理中的政府行动

政府作为公众的受托人，通过制定农村环境政策、投入财政资金、制定激励措施等方式，致力于治理改善环境，充分体现着“元治理”的角色。

1. 制定农村面源污染治理政策

公共政策制定是政府的职责之一。公共政策按其政策目标的不同大致可以分为两类，一类是以促进经济发展为目的的经济类政策，另一类是以解决环境、卫生等问题为目的的公益类政策。随着国民经济的高速增长和社会、环境问题的凸现，近年来我国的环境政策得到了空前重视，中央政府出台环境类政策的种类和数量明显增多，例如 2013 年国务院印发《大气污染防治行动计划》，2015 年国务院印发《水污染防治行动计划》，2016 年国务院发布《土壤污染防治行动计划》，其中都有关于农村面源污染治理的规定。

2. 投入财政资金

环境作为一种公共物品具有很强的“经济外部性”特征，环境保护完全靠市场机制是难以进行的，需要政府制定法规强制社会和企业对环境进行保护，但应严格将政府的介入限制在公共财政的范围内。虽然有研究成果表明政府应合理控制、减少财政投入等直接干预方式的规模，加大制定产业政策、促进“环境友好”技术进步等间接干预方式的力度（王耀东，2016），但是更多的研究表明财政支出发挥了环境治理的效益。如田淑英等（2016）认为，对每一项污染物排放量的估计，环保财政支出或社会环保投资的效果均显著，说明环保财政支出对环境质量确实是有影响的。我国应在提倡投资主体多渠道和发挥市场激励的同时充分认识到环境保护中公共财政的作用。对于弱质性的农业和缺乏市场激励机制的广大农村来说，财政资金是农村面源污染治理的重要保障，中央和地方财政需要不断加大对农村环境治理的投入。

3. 制定激励措施

政府可以通过制定多项激励措施，对农村环境污染的外部性进行纠正，如对环保行为进行补贴激励。赵书新（2011）研究分析外部性的存在是造成清洁节能型产品市场失灵的主要原因，而政府实行补贴激励性政策并形成有效的市场激励机制，是化解外部性的有效手段。“以奖促治”和“以奖代补”政策也是我国农村环境政策激励的主要措施。鼓励农民施用环境友好型肥料、实现规模化禽畜养殖，都是减少面源污染的方式。

（二）农村面源污染治理中审计推动环境治理实现

审计机关也在政府主导的农村面源污染治理中发挥作用，反映出作为政府的组成部门，审计机关推动国家做好“元治理”角色的重要作用。以财政资金审计为例，根据相关法律，政府审计的职责范围亦是公共财政资金。审计法第十六条规定：审计机关对本级各部门（含直属单位）和下级政府预算的执行情况和决算以及其他财政收支情况，进行审计监督。另一方面，由于管理制度的不健全不完善，农业、环境资金使用比较粗放，资金链条比较长，容易产生一些违法违纪和效益低下问题，需要进行监督和评价。政府审计是具有独立性和专业性的政府监督机构，通过审计资金和项目，能够制约权力、发现问题并依法处理，促进资金安全和改进绩效。政府审计参与农村面源污染治理，是国家治理理论下的必然选择。

三、治理评价理论在农村面源污染治理审计中的应用

善治是国家治理的理想标准，一般认为，善治就是使公共利益最大化的社会管理过程（王强 b，2010）。世界银行认为善治包括健全的法制与守法的观念、拥有能正确公平地执行公共支出的良好的行政体系、政府高度负责、政策公开透明。俞可平（2000）认为善治的基本要素有 6 个：合法性、透明性、责任性、法治、回应性、有效性。而监控与评估对良好治理的贡献有以下几个方面：支持政策制定、帮助政府部门进行政策开发和政策分析工作以及项目开发、帮助政府部委和机构在部门和项目层面上对活动进行管理、通过揭示政府实现其预期目标的程度来增强透明度和支持问责关系（凯思・麦基，2009）。

这些善治标准以及评估意义的观念，为政府审计确定审计目标和内容，以及政府审计的存在价值，提供了充分的依据。政府审计正是一个监督与评价的专业机构，其工作的开展对善治的状况和成效能够进行客观的反映，推动政府善治目标的实现。具体来说，合法性要求政府审计要对政府活动是否遵守法规、有无贪污腐败进行审查；透明性要求政府审计不仅检查诸如财务核算、预算编制、决算报告是否符合规范以及是否细化，还要将审计结果向社会公开；责任性要求政府审计对政府官员和国有单位领导人的履责情况进行检查与评价；法治要求政府审计对资金使用是否按照规定拨付运用进行审查；回应性要求被审计单位必须按照提出的审计意见进行整改，政府审计也必须对整改情况进行检查；有效性要求政府审计开展绩效审计，对资金、项目和单位的经济

性、效率性、效果性进行评价，督促资金使用单位注重提高绩效。政府审计通过对财政资金和政府投资项目的审计活动，对政府治理的相关情况进行检查、分析和评价并向社会公开，为公众了解公共资金使用、评价政府行为提供信息支持。同时，政府审计部门也是政府的组成部分，也要依法审计、信息透明、改进管理、提高绩效，在审计活动中进行审计资源整合，充分运用审计资源，发挥更大的作用。农村面源污染治理不仅是重大的环境整治工程，也是事关农村居民健康安居的重大民生工程，通过审计活动推进治理的成效，是在善治理念下增加农村居民公共利益的重要途径。

第二节　制度经济学相关理论

一、公共物品与代理人的机会主义

在市场经济中，环境物品是公共物品，具有非排他性和非竞争性。并且由于存在着生态环境等公共资源的“私人”使用与社会付出成本的不对称性，作为污染者的微观企业和个人在追求自身利润最大化的同时，给周边环境造成污染和损失，因而迫切需要政府发挥管理作用。奥尔森在《权力与繁荣》(2005)中指出：污染就是公害物品……我们在市场中无法对这类物品向私人那样去予以定价……政府行动就是很有必要的。

加雷特·哈丁1968年发表了《公地的悲剧》，指出由于牧场是公共的，因此每一个理性的牧民都会尽可能多地增加自己在公共牧场上放牧的牲畜数量，从中得到直接利益，而自己仅仅承担因过度放牧造成的损失的一小部分，导致出现“公地悲剧”。由于缺乏明晰界定的产权，搭便车的机会主义行为和道德风险问题一直与公共资源共存，从而使公共资源一直面临着过度使用和潜在毁灭的“公地悲剧”问题。

公共物品的提供是政府活动的领域。对于环境污染的整治，私人通常没有动力进行，由于外部性的存在，私人获得的收益与其投入相比微乎其微。政府作为公众的受托人，通过投入公共资金、制定激励政策等方式，治理改善环境。

然而，作为集体行动代理人的政府，同样存在着机会主义问题。几百年来，人们采用了大量的政策设计，想要抑制集体行动中棘手的代理人问题，并增进公共政策满足公民愿望的最大可能性（柯武刚、史漫飞，2000）。了解政府的行动，是控制政府中代理人机会主义的一个基本前提。在公共政策日趋复杂的情况下，信息系统的透明非常重要，需要诸如审计总署那样的专家机构来监督会计账目，抑制政府中的机会主义。

二、公共物品与代理人理论在农村面源污染治理审计中的应用

农村面源污染是典型的“公地悲剧”。无论是农业企业还是农户，都有过度使用环境的动机。以养猪业为例，我国目前的养猪量占全球总量一半，每年产生粪便 6 亿多吨。这些污染散布在农村，收集和处理困难。随着生活水平提高，肉禽在日常消费中的占比提高，养殖业的规模不断增大，养殖业污染总量和所占污染的比重呈上升态势。2013 年发生的黄浦江病死猪污染事件，是发达地区畜牧业污染长期积累后的一次爆发（新华网，2013）。对于散养的农户来说，将死猪扔进江河的成本，远远低于深埋消毒无害化处置成本。虽然建立明晰的和排他性的产权是重要和必须的，但是对于以户为单位进行生产和生活小农来说，由于无法支付高昂的排他成本，面源污染的发生依然屡禁不绝，一些企业将污染排进已经有承包权的农田、河流、鱼塘等，加剧了农村的环境恶化。在我国承包到户、分散经营的小农经济模式下，产权的界定可能不是治理农村环境污染的主要手段，更为重要的是国家强制力的干预。国家一方面通过公共财政投入治理环境，解决不同利益体搭便车的问题，另一方面通过检查处罚惩治污染，解决小农排他权弱化的问题。政府审计作为专业机构，对于资金的运用和相应的环境治理行为进行监督审查，在农村面源污染治理中有着重要的存在价值。

基于政府代理人的机会主义行动，政府审计的职责之一是提高信息的透明度，并通过信息透明揭示某些政府部门和人员的设租寻租、偷懒无效率、不负责任、贪污腐败等违背公共利益的行为。因而，政府审计必须对财政财务收支的真实、合法和效益进行审计监督，同时实行审计结果公开制度。农村面源污染治理周期长，资金投入量大，中间环节多，政策信息不够通达，资金使用端点远，媒体公众监督力量弱，容易出现资金到位不及时、资金使用不合规违法违纪、效率不高、效果显示慢等情况，政府审计必须根据审计对象的特点，重点关注治理资金的合法合规性和效率效果，并对相关责任人的责任履行进行监督。事实上，重点关注环保资金的管理和使用情况，主动跟踪问效，积极分析

研究，提出切实建议，一直是政府资源环境审计的主要作为，也是政府审计履行政府环境责任的重要组成部分。这些年，审计署已公开“三河三湖”水污染防治绩效审计调查、黄河流域水污染防治与水资源保护专项资金审计调查等审计结果。以2009年“三河三湖”水污染防治绩效审计为例，在中央和地方各级政府投入910亿元财政性资金及国内银行贷款中，仅在挪用、虚报和少征、截留等方面违法资金就达40多亿元。

第三节　管理学理论

一、管理学理论概述

对于一个组织，管理具有重要的意义。管理是指同别人一起，或通过别人使活动完成得更有效的过程（斯蒂芬·P·罗宾斯）。过程的含义表示管理者发挥的职能或从事的主要活动。这些职能可以概括为计划、组织、领导和控制。效率和效果都是管理的重要组成部分，管理就是要使资源成本最小化。

计划包括定义组织的目标、制定全局战略以实现这些目标、开发一个全面的分层计划体系以综合和协调各种活动。组织的设计包括机械式和有机式。机械式组织有职能型和分部型结构，有机式组织则包括简单结构、矩阵结构、网络结构、有机的附加结构设计。组织行为学为管理提供了大量的帮助，其目的在于解释和预测行为。行为的基础是态度、个性、知觉、学习。群体要成为高效率的工作团队，员工需要正确的激励。控制是监视各项活动以保证它们按计划进行并纠正各种重要偏差的过程，包括衡量、比较、采取管理行动和总结，控制的焦点人员、财务、作业、信息和组织的总体绩效。

二、管理学理论对政府组织改进管理的启示

政府是接受人民委托，利用公共资源，为公众提供各种服务，且不以营利为目的的社会管理机构。一方面，政府为社会提供服务，通过合理的制度安排，为经济社会发展营造优良环境。另一方面，包括政府审计机关在内的政府机构作为一个组织，也必须合理运用资源，注重资源使用的经济性、效益性和效果。政府在依法行使权力的过程中，需要有充足的经济资源作保障，也

必须受到资源提供者（社会公众）及其代表、国家法令、合同协议及其他约定的限制，必须对资源使用的经济性、有效性和效果负责。在现代社会的民主进程中，公众民主意识、参与意识增强，对政府工作提出了新的要求，传统政府程序繁杂、层级分明、运行僵化、开支庞大、效率低下的弊病，引起公众对政府的不满，也促使包括政府及其管理当局在内的利益团体思考和研究对传统公共行政体制的变革，并将这种变革的思考和研究成果付诸实施。在这个变革中，管理学以其科学性和实用性无可争议地渗透到了政府的公共行政之中，成为变革的理论基础之一。虽然公共部门和私人部门存在本质的区别，但私人部门的管理方法几乎可以说与生俱来就优越于传统的公共部门的管理方法，而且公共部门的管理与私人部门在一定程度上没有什么区别，作为管理，他们有共同的本质。管理学强调绩效、管理技术、创新、质量、顾客满意度等，为政府行政的变革提供了很好的启示和借鉴，甚至管理学的思想和方法直接运用于公共行政，以提高政府工作效率和改善政府形象。这不仅体现在英美等发达资本主义国家，在一些新兴工业化和发展中国家的政府，也相继进行了不同程度的改革，寻求适应市场分化、信息技术革命和全球范围竞争的“企业化政府模式”，建立高效、高质量、低成本、有健全的责任体制的新型政府行政管理。

三、管理学相关理论在农村面源污染治理审计中的应用

随着经济监督对政府审计要求的提高和政府审计作用的日益发挥，审计机关越来越多地进行了大型审计项目的实施，如地方政府性债务审计、社保资金审计、经济责任审计、环境保护审计等。这些项目的开展打破了以处室为单位的行政组织架构，甚至突破了不同行政级别审计机关之间的界限。传统的职能型审计项目组织结构由于职能孤立、能力有限，无法适应项目的复杂性和高要求，限制了审计职责的实现。因而，进行审计资源整合、提高效率必然是政府审计发展的现实选择，审计现场管理，特别是审计现场业务管理开始受到重视，管理学的理论成为了审计组织管理变革的科学指导。GAO（美国审计署，全称为 The U.S. Government Accountability Office）根据战略进行了组织机构重塑，将原来 35 个部门整合为 13 个。为了配合扁平化组织设计，薪酬体系作了相应的改革，从传统注重内部公平，转向注重员工个人的绩效和市场定价导向（易丽丽，2011）。1999 年，瑞士审计署在授权立法修订后，开始实施大规模的组织再造，并于 2000 年 1 月开始引入矩阵式的管理结构（张炳功等，2013）。

在实践中，一些大型审计项目的实施采用矩阵型的项目组织结构，在职能型组织的垂直层次结构上叠加了项目式组织的水平结构（审计署审计科研所，2013），改进了直线职能制横向联系差、缺乏弹性的缺点，有助于提高效率、快速反应、促进学习、提升素质。

由于环境污染往往波及地域广阔，其治理需要多地区多部门联手合作，反映在审计上，往往采用合作审计的模式。在国际上，为解决跨国界同一流域水污染或资源利用等问题，环境国际合作审计已在欧洲、非洲、亚洲等多个区域有了不同程度的发展。最高审计机关国际组织就各个审计主体之间如何开展环境问题的审计工作提出了三种类型的审计组织模式：平行审计（Concurrent Audit），即多个审计主体同时开展审计活动，各国审计结果只向其国内政府报告的审计方式；联合审计（Joint Audit），这是一种由多个国家的审计机关组成一个统一审计小组，且其审计结果面向所有参与国的审计方式；协调审计（Co-ordinated Audit），这是把平行审计与联合审计综合使用的审计方式（丁镇棠、程书萍、刘小峰，2011）。合作审计的三种方式，平行审计、联合审计和协作审计各有特点（世界审计组织第二十届大会主议题 2，2010）。这种合作方式对我国环境审计工作具有重要的借鉴意义。农村面源污染面积广大，与行政区划不一致，同时整体上看污染并非是一个地区的问题，而是涉及多个地区。解决面源污染，也不可能只由一个行政区负责。因而，农村面源污染治理审计需要打破行政区域限制，由多个审计部门开展合作，整合资源，科学规划管理。2009 年，审计署组织和指导黑龙江、吉林、广东、广西、江苏、浙江六省区的审计机关采取合作审计的方式，对松花江、珠江和太湖（两江一湖）流域水污染防治情况开展了专项审计调查。这次审计调查是审计署与地方审计机关开展合作审计的首次尝试，涉及六个省（区）审计厅及其 137 个市县审计机关，共有 609 名审计人员参与，历时半年完成。在审计中，采取上下统一组织、点面结合等多种审计方式，加强审计机关之间的沟通协调，体现了管理学在审计实践中的运用和审计创新。

第四节　农村面源污染治理的审计内容与结果运用

政府主导制定政策措施、加强财政资金投入、建设污染治理工程，审计则对政策措施、资金、人员等开展审计监督，并对治理的成效进行审计评价。

一、农村面源污染治理的审计内容

（一）农村面源污染治理政策措施的落实情况

广义上讲，政策制定的全过程包括政策方案规划、政策合法化和政策执行、评估等过程。政府政策措施制定之后的执行是取得成效、达到政府行政目的的关键。政府审计对有关的农村面源污染治理政策措施的落实情况进行审计，反映政府机构及其人员的政策执行的情况，包括贯彻落实的总体情况，政策落实过程中的建设进度、资金使用、政策执行、简政放权等情况和存在的主要问题，是否有不作为、慢作为、怠政懒政等阻碍政策措施落实的行为，还要揭示问题产生的原因、提出建议并督促整改。

世界主要国家的政府审计机关都开展政策措施落实情况审计，在面源污染治理方面，如美国审计署根据《清洁水法案》，对环保署是否尽到了监督的职责、环保项目开展是否达到法案要求、环保署与农业部各自的发展项目是否存在目标冲突、河流的日负荷标准是否适时进行调整等方面进行审计；英国审计署根据《欧盟水框架指令》，对环境署开展的“英格兰水流域敏感农业活动行动”“流域管理计划”的实施与问题开展审计。我国审计署也披露了财政部和环境保护部备案审查工作未能及时完成、导致中央农村环境综合整治资金预算 60 亿元闲置未用，滇池流域水污染防治项目实施进度慢、项目完工率远远低于目标责任书的问题。

（二）农村面源污染治理资金的使用情况

财政资金是政府审计的基本内容，是宪法和审计法直接赋予的审计监督权力。国家财政资金数量庞大，内容繁多，各个款类用途不同。资金的运用环节也是政府委托代理关系最脆弱、最容易违背委托人意志获得私利的环节，围绕资金运行轨迹进行审计，是审计机关发现问题、揭露滥用与非法、维护委托人利益的有效手段。

相比其他资金，农村面源污染治理资金代理层级多，端点远，交易形式不规范，社会监督弱化，农村居民很少了解国家的惠农投资项目和补贴的政策规定，为资金的规范使用带来了隐患。近年来中央和地方各级政府陆续出台了开展农村环境整治的各项政策，并投入财政专项资金支持农村饮用水水源地保护、农村生活污水和垃圾处理等农村环境整治项目。审计机关在对农村环境整治项目的审计中，从资金源头入手，注重对有资金分配权的部门和有审批权的

人员进行监督，查找项目建设过程中的腐败问题，对违法违纪贪腐行为进行揭露，

（三）农村面源污染治理领导干部的责任

这是直接对相关机构中拥有重要权力和职责的关键人员，即党政领导干部进行审计。如果没有对领导干部有效的监督机制，具有信息优势的某些领导干部就很容易出现道德风险与逆向选择问题。特别是由于我国没有有效的信息传递方式，对领导干部逆向选择的有效约束也就存在难度。建立管理监督机制，领导干部通过努力工作实现个人利益的同时也实现了公众和党的利益（和军，2004）。对领导干部的责任履行进行审计，是监督管理机制的一个部分，是确保政府机关及党政领导干部、国有企业领导干部有效履行职责的重大举措，也是提升政府治理效率的重要机制安排。

在农村面源污染治理中，一些领导干部担负着相应的治理职责，如实行河长制的地区，河长由省、市、县、乡党委或政府主要负责同志担任；一些农村面源污染严重的地区，领导干部负有节能减排、治污达标的责任。审计机关通过领导干部经济责任审计、领导干部自然资源资产离任审计等相关方式，对其农村面源污染治理的受托责任进行审计监督，促进领导干部环境责任履行。

（四）农村面源污染治理的绩效

审计的作用不只在于监督不作为、怠政、违法违纪、贪污腐败等问题，还需要对资金和项目进行审计评价。“严明的法度、清廉的官员、很高的行政效率、良好的行政服务”（俞可平，2000）是政府善政的要素。审计机关对绩效进行审计和评价，对存在的影响目标实现的制度性问题提出解决方案。建立“务实、高效、公正、廉洁”政府，是人民对现代政府及其部门和人员的要求。审计机关对经济性、效率性、效果性（即“3E”）进行审计，着重检查公共管理的绩效、经济性、效率和效果。具体来说，对被审计单位是否经济、高效或有效执行有关政策进行检查；对被审计单位实现既定目标的程度和所造成的各种影响进行报告；发现并分析被审计单位在经济性、效率性、效果性方面存在的问题以帮助进行整改。

具体在农村面源污染治理中，审计机关检查水污染防治法规、土壤污染防治规定等规定中关于农村禽畜养殖、水产养殖、化肥农药施用、农村环境整治的规定是否得到及时落实、目标是否实现，资金投入是否达到项目的环境效

益，相关部门的工作是否取得了成效，其间是否存在机制体制方面的问题，如何改进农村的环境治理，是否存在农村面源污染控制风险，如何防范风险。审计机关将这些信息向政府报告，为政府改进管理提供专业支持。

二、农村面源污染治理的审计结果运用

政府审计机关完成农村面源污染治理审计活动，取得审计成果，对审计发现的政策措施落实、资金使用、项目建设、领导干部责任履行、治理绩效情况，根据审计目标，形成相应不同形式成果载体，如审计报告、审计调查报告、审计建议书、移送处理书、重要信息要目等，提交政府或者有关机构（经济责任审计报告提交给具体委托人，如组织人事部门、纪检监察机关等），为政府提供审计专业建议。

从审计机关角度来说，审计成果运用主要有以下几个方面：一是审计处理。审计机关根据发现的违法违规问题，按照相应适用的法律法规，提出处理处罚决定，如收回多得财政资金、追回挪用的项目资金、非法收入上缴国库等。二是审计整改。审计机关提出完善制度建议，如进一步规范预算管理、加强资产管理、加强“三公”经费和会议费管理。三是审计建议。针对现有制度措施的不足导致的机制体制性问题提出建议，发挥审计的建设性作用。如提出“建立健全对规模化畜禽养殖项目环保审批约束性机制”“对大型养殖场建立污染物在线监测系统和联网监控体系”等。四是审计问责。提出对责任人的问责建议，如“要求严格执行基建项目审批规定，追究有关人员责任”。五是审计评价。对被审计对象的合法性、合规性和效益性的总体情况进行判定，总结成绩、突出问题。六是审计分析。对审计中发现的普遍性问题进行深入分析，预测对社会经济的可能影响，提出应对策略，供政府和相关机构研讨。

第五节　本章小结

农村面源污染治理审计制度有着深厚的理论基础。主要的理论有：（1）国家治理理论。由于国家在政策制定、资金投入、执行管理等治理行动中的重要地位，作为政府重要部门的审计机关必须参与农村面源污染治理，根据善治政府应具备的要素，设立审计的目标和内容，对具体的治理活动进行监督和评

价，并实行信息公开，促进治理的良性进展。（2）制度经济学相关理论。一方面，基于外部性和搭便车的机会主义，在农村环境污染的治理中，政府承担着主要的职责；另一方面，政府作为代理人也会出现设租寻租、偷懒无效率、不负责任、贪污腐败等违背公共利益的行为。审计必须对农村面源污染治理资金的真实、合法和效益进行审计监督，同时实行审计结果公开制度。（3）管理学理论。政府作为一个组织，同样受到资源约束，必须对资源使用的经济性、有效性和效果负责。政府审计面临着任务繁重、时间紧张、预算有限、多方合作等问题，应当以管理学理论为指导，合理配置审计资源，提高审计效率和效果。

审计机关对农村面源污染治理政策措施落实情况、资金使用情况、领导干部责任履行、治理绩效进行审计。在审计活动的具体实施中，针对面源污染治理的特点，审计机关运用管理学理论优化组织结构设置、提高审计成效。审计机关形成审计处理、审计整改、审计建议、审计问责、审计评价、审计分析等成果，并向政府提交审计报告。

第四章　我国农村面源污染治理审计现状与分析

第一节 我国的政府审计

一、我国政府审计[①]的产生

政府审计是对公共资金的收支和相关活动、机构进行的独立监督，以确保政府部门能够恰当有效地使用公共资金、建立健全财务管理、依法开展各项活动、向公众报告客观的信息等，审计本身不是目的，而是对违法违规进行纠正、防范资金滥用与舞弊、开展行政问责、为权力机构提供充分的信息等。九十年代，已建立独立审计机构的国家近 160 个（《世界主要国家审计》编写组，1996）。目前，世界审计组织有 192 个正式成员（联合国成员国家的最高审计机关和欧盟审计院），是规模仅次于联合国的第二大国际组织。我国的最高审计机关——审计署成立于 1983 年。

中国共产党的十一届三中全会之后，国家的工作重点转移到社会主义现代化建设上来，经济体制改革不断深入发展，但是，国民收入的分配和再分配关系的变化，也使局部和全局、当前与长远、盲目性与计划性等方面的矛盾逐渐显露。只顾局部利益，分散国家财力，损害国家整体利益的现象时有发生（李金华，2005）。为加强财政财务收支监督、严肃财经纪律，提高经济效益，加强宏观控制和管理，我国将原来存在于财政系统的内部监督机构独立出来专司

① 从理论上讲，伴随国家的建立就有了财政收支体系，也就有了对其进行监督的必要性。在我国历史上，政府审计也经历了长期的发展和不断的变化，其机构、职责、作用历朝历代各有特点。西周时期已经存在国家财经监督的机构和官吏设置。对官员定期进行考核的上计制度在春秋战国时期进一步发展，秦汉时期形成完备的制度。隋唐时期政府审计走向成熟，出现了外部专职的审计机构，即刑部下属的比部，负责财政财务的核查。南宋出现了第一个以“审计”命名的机构。明清时期的审计职能被并入了监察系统。国民政府在监察院之下设立审计部。中国共产党领导的革命根据地也设有审计机构负责预算和钱粮审计。1949 年之后的 30 多年，未设立专职独立的审计机关。1983 年设立审计署，成为现代中国政府审计的开端。本文中所论述的政府审计，是指 1983 年之后的我国政府审计。

审计职能。1983 年成立了审计署，在其后的两年多时间内，地方各级审计机关逐步建立，形成中央到地方的审计机构体系。

政府审计是一种国家行为，要由国家法律的授权进行，并由国家法律保障其独立性。世界审计组织 1977 年《利马宣言》第二章规定："最高审计机关的建立及其独立性的程度应在宪法中加以规定。特别是应由最高法院提供充分的法律保护，以保证最高审计机关的独立性和权威性不受损害……最高审计机关成员的独立性也应由宪法予以保障，尤其是罢免其成员的程序应列入宪法，以保证其独立性不受损害。"在审计机关成立之前的 1982 年 12 月 4 日，经五届全国人大五次会议讨论通过了新宪法。新宪法的第九十一条规定了国务院审计机关的设立：国务院设立审计机关，对国务院各部门和地方各级政府的财政收支，对国家的财政金融机构和企业事业组织的财务收支，进行审计监督。审计机关在国务院总理领导下，依照法律规定独立行使审计监督权，不受其他行政机关、社会团体和个人的干涉。第一百零九条规定了地方审计机关的设立：县级以上的地方各级人民政府设立审计机关。地方各级审计机关依照法律规定独立行使审计监督权，对本级人民政府和上一级审计机关负责。

二、政府审计的本质

（一）有关政府审计本质的若干观点

政府审计的本质是从政府审计的内在属性研究政府审计"是什么"，是政府审计区别于其他事物的根本点，也是认识政府审计的基本出发点。在政府审计实践的进展和理论研究的探讨中，对于政府审计本质，主要存在以下观点：

一是会计查账观。认为审计就是检查会计账目，查错纠弊。这一观点与审计活动的直观表现相一致，容易得到社会的理解。事实上认为政府审计就是查账的观点是受到了注册会计师审计的影响。1953 年美国注册会计师协会名词术语委员会在《会计名词公告第一号》中定义审计为：审计是一种检查，旨在按照公认会计原则对公司和其他实体向公众和有关方面提供的财务报表的公允性和一致性表达意见。会计查账论将政府审计局限于传统账目审查，在理念上阻碍了审计职能的拓展。随着审计实践的不断丰富，绩效审计、经济责任审计、资源环境审计、政策执行情况的跟踪审计等，已经很难用"查账"来概括。会计查账论已经不能适应当代审计的现状了。

二是经济监督观。认为审计的本质是一种经济监督，监督财政财务收支的真实、合法和效益，用以维护财经法纪，改善经营管理，提高经济效益。该观点围绕审计的基本职能来看待审计本质，在 20 世纪 80 年代的审计基本理论研究中得到了普遍的肯定。80 年代初期，随着我国审计制度的恢复重建，迫切要求从理论上提高对“有中国特色”的审计的认识。经济监督论的提出与形成是以 1982 年 12 月全国人大五次会议通过的《中华人民共和国宪法》中提出建立审计机关为契机的（袁小勇，2010）。经济监督论体现了政府审计监督的重要职能。

三是经济控制观。认为审计的本质是确保受托经济责任关系全面、有效履行的特殊经济控制（蔡春，2001），审计不仅可以监督经济活动，还能够掌控经济活动使其不超越规定的范围。英国审计学家戴维·弗林特（David Flint）教授在 1988 年提出，审计是为了确保受托责任履行的一种社会控制机制（彭启发等，2010）。经济控制论是对政府审计的理想设计，其缺陷在于违背了审计的基本特征——独立性，审计如果直接对经济活动施加控制，则变成了被审计对象的组成部分，落入了自我审计的悖论，同时导致审计风险无限加大。

四是民主法治工具观。认为现代审计的本质是民主与法治的产物，也是推动民主与法治的工具（李金华，2008）。现代国家的审计是现代民主的产物，是对人民意志充分体现与否进行监督和验证的手段，只有从民主的观点，来认识现代国家审计的本质，才能真正说明现代国家审计的意义（杨时展，2008）。民主法治工具论将审计融入了国家的政治范畴，迎合了现代社会各利益主体参与政治的愿望。但是无法解释政府审计在现代民主社会之前就已经长期持续存在并发生作用的事实，不符合作为“本质”所应当具有的稳定性的特征。

五是权力制约观。认为审计是权力制约的工具。政府审计通过监督公共资源的使用和管理，并将审计结果向立法机关报告和向社会发布，防止权力的滥用和腐败，保障公共资金的安全完整。权力制约论同样将审计从经济领域扩展到政治范畴。这一观点也可以在其他国家审计机关初始成立时找到依据。1862 年意大利审计法院在成立仪式上宣告：“审计法院的工作是为了保护公众财富，确保最应当遵从法律的那些执行机构，其行为符合法律”（CORTE DEI CONTI，2002）。但是随着党派利益纷争的加剧和对审计独立性的尊崇，国外审计机关逐渐转向淡出政治、弱化倾向，强化客观鉴证和服务咨询功能，强化中立性和无偏性。如美国审计署强调“服务”议会，意大利审计法院强调为议会的财政决策提供有价值的分析信息。同时，权力制约论营造了政府审计与被审计单位的对立性，而忽视了具有增值功能的绩效审计蓬勃发展所带来的双赢价值。

六是免疫系统观。认为审计是国家治理体系中的一个“免疫系统”（刘家义，2011）。国家审计属于国家治理体系中的监督控制系统，服务于国家治理的决策系统，审计通过发现风险、揭示问题、抵御侵蚀、协调力量，发挥国家审计的作用。

七是国家监督观。审计监督是党和国家监督体系的组成部分。2016年中国共产党的十八届四中全会报告指出：“强化对行政权力的制约和监督。加强党内监督、人大监督、民主监督、行政监督、司法监督、审计监督、社会监督、舆论监督制度建设，努力形成科学有效的权力运行制约和监督体系，增强监督合力和实效……完善审计制度，保障依法独立行使审计监督权。对公共资金、国有资产、国有资源和领导干部履行经济责任情况实行审计全覆盖。”这是从执政党文件的层面对审计进行的明确定位。

（二）政府审计国家监督观的简要评析

各种关于政府审计本质的观点，都有其存在的依据和合理性，用来解释审计“是什么”。综合各种观点，国家监督观是审计本质的准确阐释。

从制度的初始安排来看，政府审计产生于国家监督的需要。统治阶级要维护其政治统治必然需要巩固国家政权，实现国家的政治统治职能。要实现国家的政治统治职能，就必然需要维持国家机器运转的各项开支，由此便产生了财政收入和支出，同时，也就产生了政府审计监督系统，以确保维持国家财政收入与支出符合统治阶级的意志（高文进等，2009）。

从历史的动态演进来看，不论审计机构采取设立于行政系统还是监察系统或者司法系统的形式，总是要审计钱粮赋税、财政收支，向统治者报告审计结果，以此开展对官吏的问责。

从国家法律规范来看，世界上绝大多数成文宪法国家都在其宪法中确立了国家的审计监督制度，明确规定了审计机关的职责、权限、审计机关负责人的任免等内容。如《中华人民共和国宪法》第九十一条规定：审计机关对国务院各部门和地方各级政府的财政收支等进行审计监督；《中华人民共和国审计法》第十六条规定：“审计机关对本级各部门（含直属单位）和下级政府预算的执行情况和决算以及其他财政收支情况，进行审计监督。”

国家监督观有经济监督观的成分，但是突破了“经济”的局限，当前审计机关执行的政策措施落实审计、领导干部自然资源资产离任审计等，已经远远超过了经济的范围。国家监督观也有权力制约观的成分，但是将权力制约视为制度安排的目的而不直接参与权力的制约。同时，如果将绩效评价也视作一种监督的话，那么国家监督观也就能够涵盖审计所包括的合法合规性和经济效益性了。

三、我国政府审计制度的成效

我国政府审计制度的成效主要体现在三个方面。

（一）通过开展合法合规性审计，维护财经法纪

世界审计组织《利马宣言》在序言中指出："合规的和合理的使用公共资金对于确保公共资金的正确管理和行政活动的效益，是一个必要的条件。为了达到这个目标，每一个国家必须有一个最高审计机关，它的独立性必须被法律保证。"审计制度的安排初衷就是保障公共资金使用的安全性，维护财经法纪。在我国，合法合规性一直是政府审计的主要内容，并且取得了显著的成效。《审计署绩效报告（2015 年）》显示：2015 年，审计署通过审计发现问题的整改，直接促进财政增收节支、挽回（避免）损失等可用货币计量的审计成果总计 4031.97 亿元，而审计署 2015 年度财政拨款支出 15.53 亿元，投入产出比为 1∶260；非货币效益方面，推动被审计单位制定整改措施 2263 项，促进被审计单位建立健全制度 1971 项，移送重大违纪违法问题线索和事项 905 件。

（二）通过开展绩效审计，促进提质增效

绩效审计着重检查公共管理的经济性、效率和效果。绩效审计不仅包括具体的管理活动，而且还包括组织机构和管理系统在内的所有范围的政府活动。国际范围绩效审计的兴起与"公共管理运动"提出的政府应当像企业那样降低运行成本、注重经济效益、提高管理水平密切相关。在我国，由于违法违规还普遍存在，因而绩效审计通常与合法合规性审计结合进行，单纯的绩效审计不突出。据统计，1983 年以来，通过审计发现问题的整改，全国审计机关直接促进财政增收节支 1.8 万多亿元，其中，审计署直接促进财政增收节支 2600 多亿元。仅 2008 年以来，通过审计发现问题的整改，全国审计机关每年就直接促进财政增收节支和挽回损失 200 多亿元（不包括 2008 年以来查处的重大案件线索的涉案金额）。

（三）通过提出分析报告，保障经济安全

防范经济风险是保障国家安全的重要方面。经济安全包括财政安全、金融安全、国有资产安全、民生安全、信息安全。审计机关开展金融机构资产负债审计、政府性债务审计、保障性住房审计、资源环境审计等，重点关注和及时发现财政、金融、民生、国有资产资源、能源、民生等领域一些苗头性和倾向性问题，向有关机构提交报告，揭示国家治理各个领域中的突出矛盾和潜在风险，及时预警，提出建议。从长远看，运用审计成果开展分析，为国家决策机构提供独立、专业的信息和咨询，是政府审计增值的发展方向。

四、我国政府审计的特点

（一）机构体制特点：审计机关是政府组成部门，在党和政府的领导下开展工作

与大多数国外审计机关独立于行政机关，并强调无党派、中立、无偏的政治立场不同，我国的审计机关是政府的组成部门，属于行政序列，在党和政府的领导下开展工作。审计机关围绕党和政府的各项工作中心确立审计任务，加强对重点领域、重点单位、重点部门和重点资金的审计监督，反映国家和地区各项工作的开展情况和结果。

我国审计机关的性质取决于两个主要因素：一是我国的宪法。国家的审计机关通常由宪法规定。我国宪法关于在国务院和县级以上的地方各级人民政府设立审计机关的规定，直接决定了我国审计机关的行政序列性质。二是我国的政府性质。中国共产党是执政党，在社会主义国家，现代政党所具有的利益代表的功能在社会主义社会集中化为无产阶级政党对全社会利益的整体代表（杨凤春，2002）。作为政府组成部门的审计机关，必然在党委和政府的领导下开展工作，体现党和政府的意志。

（二）审计结果报告机制特点：向政府首脑报告审计结果

与政府审计的机构体制相一致，我国审计机关向本级政府首脑报告审计结果，在中央层面，审计署审计长向国务院总理提出审计结果报告。国外大多数审计机关则是向议会或者议会中的相关专门委员会报告审计结果，并可以接受议会或者议会中的相关专门委员会的委托对相关事项开展审计调查，在举行的听证会上发表独立客观的审计看法。我国审计机关不直接向人大报告工作，而

是每年受政府委托向本级人大常委会做审计工作报告，反映预算执行和其他财政收支情况，接受人大的监督。

（三）审计职责特点：开展领导干部经济责任审计

除了各国审计机关通常开展的财政财务审计、环境审计、政策措施落实审计等常规审计之外，我国审计机关适应党管干部原则，接受干部管理部门的委托，开展领导干部经济责任审计和领导干部自然资源资产离任审计，审计结果作为干部任免和评价的依据。经济责任审计的产生源于中国政治、经济体制改革不断深化时期对权力监督制约的需要，其实质是实现依法治国目标下审计参与权力监督，成为国家干部监督体系的组成部分，体现了政府审计的政治性。

第二节　我国农村面源污染与治理

一、我国农村面源污染现状

农村面源污染主要来自于农业生产和农民生活。迫于人口的压力，我国20世纪50年代开始农业“绿色革命”，通过增加化肥、杀虫剂和除草剂的投入有效地增加了粮食的产量。但是，由于高产产品对化肥、农药、灌溉依赖过度，导致土壤、水系污染等生态和环境问题。同时，农业集约化经营、城镇化发展、环境意识落后、污染物处理能力低下，日益加剧了农村环境的污染，主要表现在水体质量恶化、土壤重金属含量高、禽畜粪便和垃圾排放无序等。在中国水体污染严重的流域，农田、农村畜禽养殖和城乡结合部地带的排污是造成流域水体氮、磷富营养化的主要原因，其贡献大大超过来自城市地区的生活点源污染和工业点源污染（张维理、武淑霞等，2004）。根据国家环境保护部全国主要流域重点断面水质自动监测周报2013年第24周周报显示，全国主要水系131个重点断面水质自动监测站八项指标（水温、PH、浊度、溶解氧、电导率、高锰酸盐指数、氨氮和总有机碳）的监测结果表明：Ⅰ～Ⅲ类水质的断面为98个，占77%；Ⅳ类水质的断面为14个，占11%；Ⅴ类水质的断面为7个，占5%；劣Ⅴ类水质的断面为9个，占7%。松花江流域、淮河流域、黄河流域、太湖流域、滇池流域等水域均存在多处劣Ⅴ类水质断面。我国化肥的施用量远远超过国际上为防止水体污染而设置的化肥使用安全上限。氮肥用量偏高，重化肥，轻有机肥，造成土壤酸化、地力下降等。化肥营养元素的流失构成了农业面源污染的最重要部分（李立新、张亚，2010）。

近年来的重金属污染，越来越受到关注，其污染的严重程度，已经极大地影响了人身健康和粮食安全。重金属污染指由重金属或其化合物造成的环境污染，主要由采矿、废气排放、污水灌溉和使用重金属制品等人为因素所致，导致环境中的重金属含量增加，超出正常范围，并使环境质量恶化。近 10 多年来，随着中国工业化的不断加速，涉及重金属排放的行业越来越多，包括矿山开采、金属冶炼、化工、印染、皮革、农药、饲料等，再加上一些污染企业的违法开采、超标排污等问题突出，使重金属污染事件出现高发态势（叶铁桥，2012）。从 2009 年至今，我国已经有 30 多起重特大重金属污染事件。我国重金属污染中，最严重的是镉污染、汞污染、血铅污染和砷污染。2013 年 5 月，广州市食品药品监管局网站公布了第一季度餐饮食品抽验结果，其中一项结果为：44.4% 的大米及米制品抽检产品发现镉超标。广东省食安办公布的抽检 31 个批次的不合格大米中，有 14 个批次来自于湖南，镉含量从每公斤 0.26 毫克到 0.93 毫克不等。镉大米事件已经引起了社会对于农产品特别是水稻、小麦等粮食作物安全及农田污染问题的关注。

二、我国农村面源污染的治理

对面源污染的控制包括两方面：一是对污染扩散源的控制；另一方面是减少污染物向受纳水体的运移（李秀芬、朱金兆等，2010）。从治理手段来看，包括经济手段、技术手段和制度手段。

（一）加大财政投入是农村面源污染治理的基本保障

基于农村面源污染的公共性，污染的治理必然以政府财政投入为主。国发〔2011〕35 号《国务院关于加强环境保护重点工作的意见》已经明确指出：把环境保护列入各级财政年度预算并逐步增加投入，适时增加同级环保能力建设经费安排，加大对重点流域水污染防治的投入力度，完善重点流域水污染防治专项资金管理办法，完善中央财政转移支付制度，加大对中西部地区、民族自治地方和重点生态功能区环境保护的转移支付力度，加快建立生态补偿机制和国家生态补偿专项资金，扩大生态补偿范围。

我国对于面源污染治理的投入一般采用国家财政与地方财政共同投入的形式，主要由地方使用来具体落实执行。我国财政投入继续加强江河湖库流域生态环境保护和洪涝、干旱灾害治理，并且下一步在农村环境污染治理方面，支持推进农业可持续发展有关试点，选择部分地区开展农业农村废弃物综合利用试点，推进重金属污染耕地修复工作，尽快开展退耕还湿和湿地生态效益补偿试点，实施地下水超采综合治理试点，推动新一轮退耕还林（草）（楼继伟，2014）。2013 年，我国节能环保支出 3383 亿元，增长 14.2%；污染防治总支出 904.79 亿元，其中水体污染防治 420.77 亿元，固体废弃物与化学品 75.70 亿元；自然生态保护总支出 224.63 亿元，其中农村环境保护 112.65 亿元，湖泊生态环境保护 14.92 亿元。2015 年，我国节能环保支出 3815.64 亿元，增长 12.78%；污染防治总支出 1084.54 亿元，其中水体污染防治 471.78 亿元，固体废弃物与化学品 65.36 亿元；自然生态保护总支出 309.31 亿元，其中农村环境保护 158.96 亿元，湖泊生态环境保护 44.86 亿元，该项支出是上年决算数的 300.7%。可以预见，在农村面源污染治理方面财政投入将越来越得到加强。

（二）进行技术改造减少面源污染

是指采用技术手段来减轻农村面源污染，或者改变传统生产方式直接避免产生面源污染。因为农村面源污染类型多样，技术手段也是针对不同具体形式的污染。循环农业是治理农村面源污染的主要思路。循环农业是循环经济的一种重要类型，发展循环农业就是加快农村经济增长方式的转变，发展节约型、环保型、生态型农业，提高农业经济效益，不断增强农村经济发展的可持续性（王珍、王平，2006）。其具体手段包括：发展生物经济，实施面源污染物能源化，如加强秸秆综合利用大力发展农村沼气；发展生态型农业，实施面源污染物资源化，如形成农户养鸡、鸡粪肥田的生态链；发展节约型农业，从源头上减少面源污染，如推广配方施肥技术等。另外，对污染物实行技术降解，也是减少农村面源污染的途径。例如，在规模化猪场装置污水处理设施，猪尿和猪舍的冲洗废水经化粪池将猪粪和废水分离后，送入污水处理装置，出水中 COD 浓度 <100mg/L 后排入养猪场的生物氧化塘，再逐步分流进入猪舍前的生物氧化池中暂存，用于猪舍冲洗、种植水生蔬菜（史永松、张建荣，2007）。

（三）制定法规建立制度强化面源污染治理

建立健全农村面源污染控制法律法规体系，是行政主管部门依法行政、按章办事的基础。在国外，美国国家层面和各州、欧盟等都制定了相关法律法规，如美国的《清洁水法案》《海岸管理条例》《安全饮用水法案》等，欧盟的

《饮用水导则》《农业环境条例》等（余进祥、刘娅菲，2009）。

农村面源污染问题已经引起中国政府的高度重视。国家通过制定法规体系、建立包括审计制度在内的监督考核机制等手段，加强面源污染的治理力度。

1993 年通过、2012 年修订的《农业法》第八章“农业资源与农业环境保护事项”，规定了农业生产者和政府的农业环境保护责任。“从事畜禽等动物规模养殖的单位和个人应当对粪便、废水及其他废弃物进行无害化处理或者综合利用”；“县级以上人民政府应当采取措施，督促有关单位进行治理，防治废水、废气和固体废弃物对农业生态环境的污染”。2011 年 10 月国务院发布《关于加强环境保护重点工作的意见》，指出我国污染防治水平仍然较低，要求加快推进农村环境保护。一要实行农村环境综合整治目标责任制，深化“以奖促治”和“以奖代补”政策，扩大连片整治范围，集中整治存在突出环境问题的村庄和集镇，重点治理农村土壤和饮用水水源地污染。二要继续开展土壤环境调查，进行土壤污染治理与修复试点示范。三要推动环境保护基础设施和服务向农村延伸，加强农村生活垃圾和污水处理设施建设。四要发展生态农业和有机农业，科学使用化肥、农药和农膜，切实减少面源污染，严格农作物秸秆禁烧管理，推进农业生产废弃物资源化利用。五要加强农村人畜粪便和农药包装无害化处理。

环保部 2011 年发布的《关于进一步加强农村环境保护工作的意见》指出：要重点抓好农村饮用水源地保护、生活污水和垃圾处理、畜禽养殖污染防治、农村土壤环境保护和农村地区工矿污染监管。2013 年 11 月发布的《畜禽规模养殖污染防治条例》，对畜禽养殖场、养殖小区的养殖污染的预防、综合利用和治理、激励措施以及法定责任等做了具体规定。

“十二五”期间，国家首次把减排范围扩大到农业领域、农村地区和农村机动车尾气治理，先后制定多项法律法规及制度来规范农村面源污染治理问题，着力解决生活污水、垃圾治理、规模化禽畜养殖污染治理、土壤污染治理等各类突出的农村环境问题（江苏省审计厅课题组，2013）。2015 年 10 月 29 日通过的《中共中央十三五规划建议》指出：坚持城乡环境治理并重，加大农业面源污染防治力度，统筹农村饮水安全、改水改厕、垃圾处理，推进种养业废弃物资源化利用、无害化处置；以市县级行政区为单元，建立由空间规划、用途管制、领导干部自然资源资产离任审计、差异化绩效考核等构成的空间治理体系。2015 年 11 月，中共中央办公厅、国务院办公厅印发《开展领导干部自然资源资产离任审计试点方案》，标志着自然资源资产离任审计试点工作正式拉开帷幕。方案规定：审计试点期间，审计对象主要是地方各级党委和政府主要领导干部，审计涉及的重点领域包括土地资源、水资源、森林资源以及矿山生态环境治理、大气污染防治等领域；要对被审计领导干部任职期间履行自然资源资产管理和生态环境保护责任情况进行审计评价，界定领导干部应承担的责任。领导干部自然资源资产离任审计试点2015年至2017年分阶段分步骤实施，2017年制定出台领导干部自然资源资产离任审计暂行规定，自2018年开始建立经常性的审计制度。2017年12月，中共中央办公厅、国务院办公厅印发《领导干部自然资源资产离任审计规定（试行）》，明确从2018年起，领导干部自然资源资产离任审计由试点阶段进入全面推开阶段，这标志着领导干部自然资源资产离任审计作为一项全新的、经常性的审计制度正式建立。

（四）农村面源污染治理实例

我国在农村面源污染治理方面，不断增加资金投入和技术改造，取得了一定的成效。面源污染范围广、成因复杂、积累深厚，一旦形成很难逆转，同时难以完全按照行政区划归属划分治理责任。因此面源污染的治理一方面投入大、持续时间长，另一方面需要跨区域跨部门多方合作，打破条块分割界限，相互协作，共同进行。“十五”以来，我国以水域为对象进行的大型面源污染治理项目主要有：规划投资319.93亿元的黄河流域水污染防治与水资源保护项目；2001至2007年，中央和地方各级政府投入910亿元财政性资金及国内银行贷款，用于“三河三湖”流域城镇环保基础设施、生态建设及综合整治项目等。三河三湖指的是辽河、海河、淮河、太湖、巢湖、滇池，涉及辽宁、江苏等13个省。

以面源污染严重的太湖的主要属地江苏省为例。

太湖流域是我国经济发达的地区，然而长期以来，乡村生活污水、畜禽粪便、化肥农药等引起的面源污染形势严峻。江苏省通过财政投入和多种的治理举措，使太湖流域污染得到初步治理，农村环境有所改善。一是推进传统农业生产方式转变，全力推进畜禽养殖场综合整治、农业清洁生产和生态循环农业建设，加强畜禽养殖污染治理。根据畜禽养殖对水域的污染程度，对太湖流域畜禽养殖实行禁养区、限养区和适养区管理，取缔、关闭或搬迁禁养区内畜禽养殖场。制定“控氮施肥和平衡施肥”技术规程，优化施肥结构，引导和鼓励农民生产绿色产品等，从农业生产模式源头控制面源污染，使农业面源污染状况有所减轻。2007 年，中央和江苏省财政共投入 1.8 亿元用于支持测土配方、科学施肥工作、有机肥补贴及绿肥补贴。通过项目的实施，全省测土配方施肥面积达 3320 万亩，并取得了明显的节本增收效果。太湖流域推广高效、低毒、低残留新农药 2372 万亩次，生物农药 1008 万亩次，水稻秧田防虫网 2.4 万亩，植保专业化防治面积 709 万亩次，化学农药使用量下降 4%。二是推进生态净水工程。加快对太湖流域现有乡村排水沟渠塘工程化技术改造，建立新型生态拦截型农业湿地系统和新型的生态拦截型沟渠塘系统，并设置净水坝，拦截污水、泥沙及漂浮物等，实现对氮磷养分的立体式吸收。2008 年，共建设氮磷流失生态拦截沟渠 9 万米、生态池塘 179 个。三是推进农村生活污染治理。按照因地制宜、分类处理的原则，采取分散与集中处理相结合的办法，探索乡村物业清洁管理服务模式，加大农村分散居住农户污水处理力度，2008 年建立了 60 处农村分散居住农户生活污水净化处理试点。四是实施农村清洁能源工程。共建有沼气池达到 43 万处，年产气量 9800 万立方米，受益农民达 100 多万人；规模养殖场沼气治理工程 368 处，总池容 8.6 万立方米，年处理废弃物 900 多万吨，年产气量 1300 多万立方米。江苏已经基本完成太湖地区农业污染源普查，并设置 81 个农业面源污染定位监测点，开展环境质量评估和监测预警。按照农业面源污染防治目标任务，江苏省先后三次开展太湖流域农业面源污染治理进度督查、畜禽面源污染治理专项督查和重点河流农业污染源整治督查。取缔、关停和迁移畜禽养殖场户 1586 处，整治大中型规模畜禽养殖场 203 处。据初步测算，畜禽养殖排污量削减 10%。已建乡村生活污水生态净化处理工程 42 处，完成下达任务的 70%。建设面源氮磷流失生态拦截沟渠示范工程 3.3 万米，生态池塘 58 个，连接农田 6 万多亩，涉及 3000 多农户（闫艳、李玉芳、高杰，2009）。

（五）河长制的实行与推广

1. 河长制的起源

所谓“河长制”，就是对管辖范围内的河道（包括湖泊、水库等）逐条明确由各级党政领导担任河长，负责落实该河道的整治和管理等各项措施，以实现河道水质与水环境的持续改善，保障和促进经济社会的可持续发展（张嘉涛 a，2010）。

河长制起源于江苏省无锡市。2007 年太湖水危机后无锡首创河长制。2007 年，太湖蓝藻大规模爆发，引起省委、省政府的高度重视，要求抓紧分析污染来源，全面落实治理措施，从根本上解决流域水环境污染问题。省领导强调，“治理太湖关键是正本清源，把流域内的每一条河治好，才能真正解决好水污染治理的难题。领导干部要挂牌治污，一条河一条河地制定和落实治理方案。这是江苏“河长”概念的最初来源（新华日报，2015）。这一举措，所针对的就是无锡市水污染严重、河道长时间没有清淤整治、企业违法排污、农业面源污染严重等现象。2007 年 8 月 23 日，无锡市委办公室和无锡市人民政府办公室印发了《无锡市河（湖、库、荡、氿）断面水质控制目标及考核办法（试行）》，将河流断面水质的检测结果“纳入各市（县）、区党政主要负责人政绩考核内容”，“各市（县）、区不按期报告或拒报、谎报水质检测结果的，按照有关规定追究责任。”这份文件的出台，被认为是无锡推行“河长制”的起源。

2. 河长制的基本做法

（1）实行属地行政首长负责制下的“河长制”。无锡市党政主要负责人分别担任了 64 条河流的“河长”，真正把各项治污措施落实到位。2008 年 9 月 3 日，出台了《中共无锡市委、无锡市人民政府关于全面建立“河（湖、库、荡、氿）长制”全面加强河（湖、库、荡、氿）综合整治和管理的决定》（锡委发〔2008〕55 号），共分为 11 项 25 条，对探索性实践了近一年的“河长制”管理工作作出了明确规范。该《决定》主要对建立机构、加强领导、落实责任、明确目标、监测监控、跟踪督查、严格考核、责任追究等方面进行了规定，为推行“河长制”提供了依法行政的基础。

（2）成立“河长制”管理工作领导小组。领导小组由市委书记、市长担任组长，同时各区（县）也成立相应的“河长制”管理领导小组。在无锡市，成立了市、区、镇三级“河长制”办公室，市“河长办”明确由市水利局牵头负责。这种自上而下的“河长”管理体系，实现了对区域内河流的“无缝覆盖”，强化了对入湖河道水质达标的责任。

（3）落实财政经费与专业人员。环境治理必须依赖专项经费的保障。无锡市所属市、区把河道长效管理的经费列入公共财政支出，明确由市、区财政或镇村集体负责提供河道治理所需经费。在财政支出保障的同时，设立“河长制”管理保证金专户，实施“河长制”管理保证金制度，每个“河长”个人缴纳 3000 元的保证金，于年初上缴“河长制”管理保证金专户，区财政划拨配套资金充实到专户。专户资金专门用于对“河长制”管理工作的开展、推进及奖惩。根据“河长制”管理最终考核结果，以“水质好转、水质维持现状、水质恶化”等综合指数作为评判标准，水质好转且达到治理要求的，全额返还保证金并按缴纳保证金额度的 100% 进行奖励；水质不恶化且维持现状的，全额返还保证金；水质恶化的，全额扣除保证金。落实河长制管理队伍和职责，采用适宜的方法，专门组建管理队伍或者实行市场化管理。如无锡市滨湖区组建了 346 人的保洁员队伍，配备了 287 条打捞船只，并与沿河的单位和居民签订了卫生自律书。

（4）进行督查与考核。督查与考核是把“河长制”落到实处的关键环节，要切实加强对“河长制”的管理与考核。2007 年 12 月 5 日，无锡市委、市政府印发了《关于对市委、市政府重大决策部署执行不力实行“一票否决”的意见》，其中明确规定：“对环境污染治理不力，没有完成节能减排目标任务，贯彻市委、市政府太湖治理一系列重大决策部署行动不迅速、措施不扎实、效果不明显的”，对责任人实施“一票否决”。通过建立情况月报制度、工作例会制度、工作督察制度和工作考核制度等各项规章制度，确保“河长制”扎实推进。同时纪委、监察局会同有关方面组建督查组，对“河长制”管理工作推进情况实施蹲点跟踪督察，对存在的问题及时下发限期整改通知书，跟踪督导整改到位。根据制定的验收办法严格考核验收，由党委和政府的相关部门如监察局、水利局和环保局等单位组成验收小组，严格按照标准进行考评验收。

在河长制的实行成效方面，从无锡市来看，河长制的实行，在弄清情况、加强整治、落实长效管理机制等方面已经取得了显著的成效，河流湖泊水质明显改善。在农业面源污染方面，河长积极开展农业面源污染治理，对沿太湖的街道实施退耕还林、退渔还湖、退渔还湿的工程；取缔全区范围内的畜禽规模养殖，近两年共取缔猪场 549 家、牛场 51 家、禽场 70 家。在水质改善方面，无锡市 2009 年 1 月 –9 月列入“河长制”管理的 79 个重点河道断面的水质达标率总体不断上升，其中直湖港的水质 2009 年 1 月 –5 月与 2008 年同期相比，氨氮指标下降了 31%，高锰酸盐指标下降了 11%，总磷指标基本持平，呈现出逐步改善的趋势（张嘉涛 b，2010）。

3. 河长制的推广

无锡首创“河长制”之后，2008 年江苏省政府决定在太湖流域借鉴和推广。江苏全省 15 条主要入湖河流已全面实行“双河长制”。每条河由省、市两级领导共同担任“河长”，“双河长”分工合作，协调解决太湖和河道治理的重任，一些地方再设立市、县、镇、村四级“河长”管理体系，强化对入湖河道水质达标的责任。

淮河流域、滇池流域的一些省市也纷纷设立“河长”，由这些地方的各级党政主要负责人分别承包一条河，担任“河长”，负责督办截污治污。至2016年，全国共有8个省市在全境推行河长制，16个省区市在部分区域实行河长制。9年来，河长制实践在落实环境保护行政首长负责制、破解“九龙治水”困局、搭建社会共治平台等体制机制创新方面，取得了不小的突破，也积累了丰富的经验（朱玫，2016）。

2016年12月，中共中央办公厅、国务院办公厅印发了《关于全面推行河长制的意见》，规定了实行河长制的基本原则和主要任务，提出了保障措施，要求地方各级党委和政府到2018年年底前全面建立河长制，同时强化考核问责，实行生态环境损害责任终身追究制。至2017年，北京、天津、江苏、浙江、安徽、福建、江西、海南8省市已全境推行“河长制”，16个省区市部分实行“河长制”。

第三节　我国农村面源污染治理审计

一、我国环境审计的发展

（一）环境审计的产生和发展

1. 环境审计的产生

面源污染治理审计属于环境审计的范畴。1991年国际商会组织（ICC）指出，美国的一个名叫Arthur D Little的精通环境问题的咨询公司，从20年代开始就在世界范围内从事环境审计方面的活动（岳世忠、杨肃昌，2008）。审计真正进入到环境保护与管理领域，是在1972年联合国环境规划署（UNEP）发表《人类环境宣言》，呼吁公民、团体、企业和各级机关要承担环境责任之后（江苏省审计厅课题组，2013）。但人们却到20世纪80年代才对环境审计产生明显兴趣。从此以后，环境审计开始逐步发展。

环境审计并不是政府审计特有的审计活动，公司内部审计很早就开展了环境审计。自20世纪70年代以来，世界各地相继发生了一些环境灾难，对人类社会、环境和财产造成了巨大的危害。为此，西方发达国家和地区如美国、英国、欧洲大陆、澳大利亚、新西兰等，陆续针对环境问题制定出相应的环境保护法律法规。法律规定了公司要适当处置危险废弃物，否则就可能承担巨大的清理成本和其他责任。20 世纪 80 年代中期之后，面对大量复杂的环境法律法规，公司管理层开始越来越多地使用环境审计，目的是为了确保公司遵守了所有相关的法律法规。之后，随着污染土地和其他违反环境法律的责任由全体违反规定者扩大到污染土地的购买者等第三方，环境审计也开始被用于判断财产买卖交易中是否涉及环境责任（岳世忠、杨肃昌，2008）。如今，公司的环境审计正在变得更加广泛，成为为管理者提供有用信息，以及保护公司利益和增强公司名誉的重要手段。

2. 环境审计的发展

在公司内部审计、社会审计、政府审计都可以开展的环境审计中，政府审计是主导，环境审计是以政府审计或者说国家审计为主导的监督体系（谢志华、陶玉侠、杜海霞，2016）。在政府审计方面，1992 年最高审计机关国际组织（INTOSAI，全称为 International Organization of Supreme Audit Institutions）（又称世界审计组织）成立了环境审计委员会。1995 年最高审计机关国际组织在开罗召开第 15 届大会，发表了以“环境审计”为主题的《开罗宣言》。政府环境审计开始迅速发展。

为更好地促进不同地区开展环境审计，1998 年在乌拉圭举行的第 16 届最高审计机关国际组织大会建议，在环境审计委员会下按照地域范围设置区域性环境审计委员会，非洲、阿拉伯地区、亚洲、欧洲、拉美和加勒比海地区、南太平洋地区等区域都分别成立了区域性环境审计委员会。为了对各国最高审计机关开展环境审计提供指导，促进各国最高审计机关更好履行环境审计义务，2001 年初，INTOSAI 环境审计委员会向各成员国印发了《从环境视角进行审计活动的指南》。环境审计有财务审计、合规性审计和绩效审计三类。《从环境视角进行审计活动的指南》认为从环境视角进行的绩效审计可分为五类：对政府执行环境法规情况进行审计；对政府环境项目的效益进行审计；对其他政府项目的环境影响进行审计；对环境管理系统进行审计；对计划的环境政策和环境项目进行评估。与公司环境审计重在维护公司个体利益不同，政府环境审计旨在促进环境法规政策的执行，检查环境项目的效益，推动整个社会环境治理达到目标，取得成效。当前，国际环境审计主要有四个发展趋势：重点关注环境政策、开展绩效审计、与其他部门进行联合审计、跨国联合审计。

（二）我国环境审计的开展

与国外环境审计相比，我国的公司内部环境审计开展不充分，这与我国缺乏相关法律要求有关。我国的环境审计主要是政府审计机关进行的环境审计。

我国自审计机关 1983 年成立，就开始了环境审计，如今已经经历了 30 多年的历程。总体上讲，30 多年的环境审计可分为四个阶段。

第一阶段是 1983 年至 1998 年。这期间虽没有明确提出环境审计的概念，但在审计署开展的审计项目中涉及到一些对环境保护资金的审计事项，例如，1985 年，审计署与财政部、国家环保局联合组织开展了对太原、兰州、长沙、桂林四城市环境保护补助资金的审计。又如，1993 年，审计署组织对哈尔滨等 13 个城市排污费进行了审计（亚洲审计组织网站，2003）。

第二阶段是 1998 年至 2003 年。1998 年，国务院批复了审计署的“三定”方案，增加了审计环境资金的职能。根据批复，审计署成立了农业与资源环保审计司，明确了环境审计职能。这标志着我国环境审计新阶段的开始。此后，地方各级审计机关也相继成立了相关处室，开展环境审计。各级审计机关采取“积极试点，稳步推动”的做法，从促进环境污染治理和促进生态环境保护两个方面，组织了多项环境审计，积累了一些经验。

第三个阶段是 2003 年至 2014 年。以 2003 年 7 月环境审计协调领导小组成立为标志，环境审计成为一项全署性工作，定位得到明确。这一阶段环境审计的显著特点是：兼顾环境审计理论和实践的双重探索，积极吸收国际环境审计的先进经验，充分考虑我国环境保护工作不断取得的新成效，不断拓展环境审计的新领域。2004 年，审计署对太湖、淮河、海河、辽河流域水污染防治情况进行了审计。这是审计署首次组织进行较大范围的对国家重点区域环境保护投入的审计监督，是从重点流域水环境审计入手探索环境审计模式的一次尝试，也是审计机关落实环境保护基本国策的一次重要实践。2008 年，审计署发布《审计署 2008 至 2012 年审计工作发展规划》，提出要深入开展自然资源绩效审计，通过“对土地、矿产、森林、海洋等重要资源保护与开发利用情况的审计，重点揭露和查处破坏浪费资源、国有资源收益流失、危害资源安全等重大问题，从体制、机制和制度上分析原因，提出建议，促进资源保护和合理开发利用”。

第四个阶段是 2014 年至今。以审计署农业审计和资源环境审计机构各自分立为标志。2014 年，审计署农业与资源环保审计司分拆为农业审计司和资源环境审计司，环境审计的职责更为突出。另一重大事项是开展领导干部自然资源资产离任审计试点工作。2013 年十八届三中全会决定提出“要对领导干部实行自然资源资产离任审计，建立生态环境损害责任终身追究制”，将生态业绩纳入领导干部责任评价问责范围。内蒙古自治区等省份在下辖县市开展了领导干部自然资源资产离任审计的试点工作，通过审计增强各级政府领导干部的环境责任意识。至少有 6 地已明确，对于自然资源资产离任审计时发现的问题，都有针对领导干部的问责措施（法制晚报，2014）。审计署于 2015 年开展了湖南等三个省市的领导干部自然资源资产离任审计试点。随着 2017 年 12 月《领导干部自然资源资产离任审计规定（试行）》的印发，自 2018 年起，领导干部自然资源资产离任审计工作正式推开，审计中突出生态环境问题与领导干部履职尽责情况的关联，重点关注领导干部履行自然资源资产管理和环境保护责任情况。

环境保护分为生态（生活）环境建设和环境污染治理两方面。因此，环境审计也划为生态（生活）环境建设审计和环境污染治理审计这两个方面。环境审计的内容主要包括对环境专项资金的审计、对环境建设项目的审计、对环境保护部门（含主管部门）的审计、对环境政策法规执行情况的审计等。在审计实践中，环境审计并不一定表现为单一的环境审计项目，也体现在其他部门的审计活动和综合审计项目中，如金融审计司在开展的领导干部经济责任审计中将金融机构贯彻落实国家资源环境政策作为重点关注的内容；行政事业审计司的农村医疗卫生服务体系建设情况专项审计调查项目，涉及医疗废物治理有关内容；政策措施贯彻落实审计中包含环境政策措施落实情况审计等。

与发达国家环境审计相比，我国的环境审计是以资金所体现的财务收支为主，偏重合法合规性，环境绩效审计的内容较为单一，缺乏审计标准和规范；国外发达国家的环境审计普遍以绩效审计为主，主要是针对政府环境部门职能的管理审计，进行环境影响评价和环境政策评估，有时并不单纯审计资金。一些国家在时间上进行同一环境对象或者环境政策的长期连续动态审计，在内容上将人口、资源、环境统一纳入审计范围，在推动环境可持续发展、完善国家治理方面发挥了重要的作用。

二、审计署的农村面源污染治理审计活动

审计署所实施的环境污染治理审计项目，大致可以分为两个类型，一类

是审计署派出机构对所负责区域实施的地方性审计项目，另一类是审计署派出机构跨区域实施或者联合地方审计机关实施的综合性审计项目。前一类项目相对独立，通常由派驻地方的审计署特派办进行。后一类由于自然和地理条件特点或者其他原因，审计对象本身难以按照行政区域边界进行划分，通常将同类审计项目整合进行，由审计署特派办相互交叉完成或者和地方审计机关共同完成。这类项目资金规模大，涉及多个省份，需要做好周密的部署和协调，建立通畅的信息沟通和上报机制。

（一）审计署实施的农村面源污染治理地方性审计项目

我国《“十二五”节能减排综合性工作方案》将畜禽养殖污染治理列入污染物减排重点工程。方案提出，实施污染物减排重点工程：到 2015 年，实施规模化畜禽养殖场污染治理工程，分别形成化学需氧量和氨氮削减能力 140 万吨、10 万吨。促进农业和农村节能减排：治理农业面源污染，加强农村环境综合整治，实施农村清洁工程，规模化养殖场和养殖小区配套建设废弃物处理设施的比例达到 50% 以上，鼓励污染物统一收集、集中处理。为此，国家加大了中央预算投资和中央财政节能减排专项资金的投入力度。

2012 年，六个地方的特派办对相应省份的节能减排专项资金进行了审计。畜禽养殖污染治理的审计情况和结果如表 2 所示。

表 2　2012 年审计署特派办畜禽养殖污染治理审计情况和结果表

Table 2 The conditions and results of poultry manure governance auditing

审计机构	发现问题	审计建议
GZ 办	污染情况严重 财政投入不足 环保等部门监管不到位 污染处理设施不健全	GD 省各级政府及环保、财政等有关部门尽快制定畜禽养殖业污染防治规划，加大污染治理财政投入力度，进一步加强对畜禽养殖业的监管，确保农业源污染减排落到实处。
SY 办	监管不到位 违规向水体倾倒畜禽粪便	各级政府及环境保护、农业、畜牧等相关部门：一是加大对规模化畜禽养殖项目的监管和污染防控力度，促进规模化畜禽养殖企业污染防治设施建设并发挥作用；二是加大对规模化畜禽养殖污染防治的资金投入，提高规模化畜禽养殖业户的污染防治积极性，减轻养殖业户负担；三是建立健全对规模化畜禽养殖项目环保审批约束性机制，使新建、改建和扩建的规模化畜禽养殖项目纳入环评监控范围。

续表

审计机构	发现问题	审计建议
TY 办	无财政资金投入 监管不到位	SX 省人民政府应督促财政和环保部门按照《"十二五"节能减排综合性工作方案》要求，结合 SX 省实际尽快规划规模化畜禽养殖业的污染治理，加大财政资金扶持力度及环境保护的监管力度，促进农业源主要污染物减排，支持新农村建设和农业生产，变废为宝。
ZZ 办	污染物排放缺乏在线监测和视频监控 排污量数据不能及时、准确反映 财政投入防治资金少 禁养区畜禽养殖污染整治资金申报不规范	国家相关部门应尽快制定政策，采取有效措施，确保及时、准确的将规模化畜禽养殖主要污染物排放总量纳入地方主要污染物总量考核数据；HN 省有关部门应加大对规模化畜禽养殖污染防治资金投入力度，规范禁养区畜禽养殖污染整治资金申报，促进全省主要污染物排放总量的监督管理，达到减排效果。
CC 办	相关部门对畜禽养殖污染监管不到位 治理工作进展缓慢	有关部门应高度重视畜禽养殖污染防治工作，以规模化畜禽养殖企业为监管重点，通过政策引导、监督检查等工作，促进企业建设污染处理设施；按规定开展环评工作及安装在线监测设施，准确掌握规模化畜禽养殖的污染情况；加大检查力度，纠正一些畜禽养殖企业的擅自排污行为。
NJ 办	监管不到位 部分项目未进行环评 部分防治设施闲置或损坏 缺少集中处理设施	一是 JS 省人民政府应尽快出台相关规定，严格准入，建立健全污染防控体系。污染防治设施应与主体工程建设同步进行，同时投入使用。二是地方环保、农业等部门应加大对农村畜禽污染的监管力度，建立对畜禽养殖污染的实时监控制度，推广畜禽养殖废水处理在线监测、固体废弃物处理设施视频监控等技术；加强清查整治，确保污染物达标排放；合理安排沼气工程等污染治理项目，加强管理，提高工程使用效率。

（二）审计署实施的农村面源污染治理综合性审计项目

2001 年至 2007 年，我国中央和地方各级政府投入 910 亿元财政性资金及国内银行贷款，用于"三河三湖"（辽河、海河、淮河、太湖、巢湖、滇池）流域城镇环保基础设施、生态建设及综合整治等 7 大类共 8201 个水污染防治项目建设。2008 年，审计署对"三河三湖"2001 至 2007 年水污染防治绩效情况进行了审计调查，审计调查涉及"三河三湖"流域内北京、辽宁、江苏等 13 个省（自治区、直辖市）。此次审计由相关特派办打破区域界限跨区域实施。就农村面源污染而言，审计发现："部分地方农业和农村面源污染治理工作薄弱……如有的地方种植业过量施用化肥和农药，养殖业污染物环保处理率低。"审计署针对这一问题，向农业部提出了整改要求。农业部回应将在"三河三湖"流域全面推行测土配方施肥，推广高效施药器械，应用生物农药，淘汰高毒高残留农药，控制化肥和农药的过量不合理使用，并大力推进农村户用沼气和畜禽养殖场大中型沼气工程建设，努力解决畜禽养殖污染。同时，在审计报告中，审计署建议环境保护部和农业部应开展农业面源污染的调查研究，完善农业面源污染防治政策措施。

第四节　我国农村面源污染治理审计关系分析

一、农户与政府审计在农村面源污染治理审计中的关系分析

农户主要指以单个家庭和农场为单位的农业种植经营户和畜禽养殖经营户。在农村面源污染治理中，农户被要求减少化学农药的使用，减少养殖废弃物的排放，以减少污染源对水域和土壤的破坏。以种植户为例，在农户不考虑环境污染的情况下，选择施用富含氮磷钾的高污染化学肥料增加收益。其成本收益为：

$R1=S1\times P1-C1$

其中 R1 为利润，S1 为产量，P1 为单位市场价格，C1 为种植成本，1 代表施用高污染化学肥料。

此时发生环境社会成本。

考虑环境治理的要求，农户施用环境友好型肥料，其成本收益为：

$R2=S2\times P2-C2$

其中 R2 为利润，S2 为产量，P2 为单位市场价格，C2 为种植成本，2 代表施用环境友好型肥料。

此时的环境社会成本逐渐转变为 0，即达到环境治理标准，环境治理处于均衡状态。

根据经验，S2 通常小于 S1，而 C2 却更大于 C1。因为富含氮磷钾的高污染化学肥料的杀虫能力远远优于环境友好型肥料。与一般水稻栽培方法所使用的农药、化肥相比较，环境友好型农业标准所允许使用的农药和无机肥料的杀菌、灭虫及防病增产的效果不明显，且价格偏高。因此就水稻而言，与一般水稻栽培方法相比，环境友好型水稻栽培方法每 1000 平方米的产量降低 10%

以上，使用环境友好型肥料的费用却提高近30%（王岱、张文忠、余建辉，2011）。

①如果农户当年选择施用环境友好型肥料，将使收益下降，成本上升，损失的收益为Rs=R1-R2。根据“理性人”假设，农户将不选择施用环境友好型肥料。我国的环境立法对农户过量施用农药没有强制性规定，主要靠农户自愿实行，这也是其他国家的普遍做法。面源污染的治理不同于点源污染，不能主要依赖采取强制性的法律措施，而应以鼓励或奖励等手段为主。为避免巨大的实施成本和监督成本，发达国家在必要的强制性规范之外，普遍采用农业生态补偿等措施，引导、鼓励、激励农业生产者自愿参与。如何解决农户收益损失的问题？第一，在不考虑环境教育因素的情况下，只有将农户损失的私人成本外化为社会成本，或者说将外部环境收益利益予以农户内部化，即补偿农户因执行国家环境政策受到的损失，农户才有保护环境的激励。在使产权明晰的制度的基础上，引入市场价格机制，明确谈判交易双方的责权利，进而推动外部利益内部化（罗必良，2005）。具体方法一是可以实行产地标签绿色无污染产品特殊价格，二是政府给予农户施用环境友好型肥料补贴。美国和欧盟部分国家设立专项资金，对实施保护性耕作、限定性农业生产措施和最佳管理措施的农场或农户进行财政补偿，取得了很好的效果。第二，考虑环境教育因素。只要政府加以适当引导与宣传，农村村民环保参与意识将会明显提高。一项调查显示：普通民众的环保参与并非是无条件或是不计代价的，出于自身经济状况、社会环境以及自身对环境利益回报及周期的认识的影响，一个普通的民众一般会理性决策选择一个合适的标准作为自己为环保事业进行偿付的成本。有79.7%的被调查者愿意每年支付100元以下的经费作为农村环保事业的投入，通过对不同数据段取中位数进行加权得出平均支付负担额为67元。另外，大部分农民认为绿色农产品的售价应比普通农产品的价格高20%左右才合适，换言之，若试图鼓励农民从事绿色农业，在没有市场刺激机制的前提下，政府至少需要对农民的农业生产补贴20%才能有一定的激励作用（吕忠梅等，2011）。

在国家采取绿色产品特殊价格、给予适当补贴和采取环境教育手段之下，农户的私人收益为R3=S2×P3-C2+L-Δ，其中L表示国家补贴，Δ表示农户自愿承担的少量环保投入或者损失的少量收益，3代表国家采取对施用环境友好型肥料的农户给予补贴的政策。此时的社会收益和农户私人收益达到均衡状态，国家达到环境治理基本目标。

②考虑我国当前的农村土地承包政策。农民的土地承包期限通常有 30 年，引入时间变量，使农户的成本收益发生变化。

$$R=\sum_{i=1}^{30}(Si\times Pi-Ci)$$

i=1，2，3……30

如果农户长期施用高污染化学肥料，将破坏土壤条件，导致未来粮食减产甚至土地缺乏持续生产能力。另外，消费者追求绿色食品的概念和国家实行严格的农药残留控制，也将使农户考虑肥料的选择。如果农户预期将长期使用承包土地作为生活来源，将考虑选择更具可持续性的环境友好型肥料。在这种情况下，国家一方面要坚持土地承包制度来稳定农户的未来心理预期，另一方面通过引导消费观念提高绿色无污染农产品的市场价格进行激励。农户的未来收益弥补了当前的损失，总体收益并没有减少。此时不仅消除了环境污染，还减少了政策的社会成本。

对政府审计而言，政府审计通常不直接审计农户，如果国家对施用环境友好型肥料的农户给予补贴，政府审计应当审计环境补贴资金。补贴资金不合理或者被挪用，将破坏环境治理达标的均衡状态，影响国家环境目标的实现。在审计实践中，由于农户处于资金运行的最远端，加上信息壁垒和技术障碍，涉农资金没有落实到农户是农业审计中发现的主要问题之一。政府审计应当关注补贴申报的真实性合法性，补贴资金下发的及时性和是否足额，维护农户的切实利益，揭露违法违规问题，同时对补贴资金的合理性进行分析，为政府完善补贴政策提供有用的知情信息。

二、被审计单位与政府审计在农村面源污染治理审计中的关系分析

这里的被审计单位，包括部门和企业，部门指的是具有农村面源污染治理资金分配和项目管理职责的机构，企业指的是参与农村面源污染治理工程项目的企业。农村面源污染治理不仅是下拨资金，很多污染治理还通过治理工程项目实现，如农村生活污水生态净化处理工程、禽畜养殖废弃物处理工程、水产养殖清洁工程、农村生活垃圾处理工程等。这些资金和工程由相应的部门和企业参与分配使用，根据审计法规，分配使用财政资金的单位，不论是否是国有单位，都必须接受对这部分资金的审计。这样，参与农村面源污染治理的部门和企业与政府审计形成了审计关系。

为简化分析，部门和企业的不按规定用途分配使用资金、违规申报补贴、财务核算不真实等统一作为违法违规。

①被审计单位与政府审计在农村面源污染治理审计中当前的行为关系（如图 2）

		被审计单位	
		违法违规	不违法违规
政府审计	存在	（1，151.041）[①]	（1，0）
	不存在	（0，2562）[②]	（0，0）

图 2　政府审计与被审计单位当前的博弈关系

Figure 2 The game relation between government auditing and the units audited nowadays

一方面，在进行审计的情况下，企业违法违规，其收益是 151.04，不违法违规，收益为 0；不进行审计的情况下，企业违法违规可以获得 256 的收益，不违法违规的收益为 0。那么，企业将选择违法违规。另一方面，国家开展审计，将发生支出成本 1，可以使社会成本由 256 减少到 151.04，其差额 104.96 转化为社会收益，减去支出成本 1，国家的社会净收益是 103.96。所以，国家将选择安排政府审计制度。同时，被审计单位仍然存在屡查屡犯的现象，违法违规问题没有得到根本解决。政府审计制度只是减少了更多社会成本的发生。

②被审计单位与政府审计在农村面源污染治理审计中应有的行为关系

① Ⅰ．根据审计署发布的审计署绩效报告（2014 年度），2014 年，审计署审计经费的投入产出比为 1：256，也就是说审计每花费 1 元财政资金，可为国家带来增收节支等经济效益 256 元。因此，以 256 元作为被审计企业违法违规的收益。Ⅱ．根据审计署发布的审计结果公告，农村面源污染治理审计发现问题的处理，多是以补办手续或者收回违规申报资金作为整改决定，如 2013 年第 16 号公告：10 个省 1139 个节能减排项目审计结果中，审计发现的吉林省通化县农村环境连片整治项目中“通化县财政部门将农村环境连片整治专项资金 3475.57 万元，用于该县人员工资等方面支出”的问题，审计指出后，“通化县财政部门已将上述资金全部归还原资金渠道”，即对被审计单位来说，审计发现违法违规的处罚最严重也只是将其收益归于 0。Ⅲ．根据《国务院关于 2014 年度中央预算执行和其他财政收支的审计工作报告》，2014 年审计署审计抽查的财政拨款预算是 2213.49 亿元，占其财政拨款预算总额的 41%，以此作为概率，计算出企业被查出的违法违规收益期望值是 151.04 元（256–256 × 41%=151.04），以 151.04 作为政府审计查出违法违规行为时被审计企业的收益。

② 根据审计署发布的审计署绩效报告（2014 年度），2014 年，审计署审计经费的投入产出比为 1：256，也就是说审计每花费 1 元财政资金，可为国家带来增收节支等经济效益 256 元。因此，以 256 元作为被审计企业违法违规的收益。

第一，加大对违法违规的处罚力度。在不改变审计抽查概率的情况下，当对被审计单位处以 1.69（256/151.04）倍以上的处罚时，被审计单位的违法违规成本将大于收益 256，违法违规将变得不经济，企业将选择不违法违规（见图 3）。

		被审计单位	
		违法违规	不违法违规
政府审计	存在	（1，<0）	（1，0）
	不存在	（0，256）	（0，0）

图 3　加大处罚力度后政府审计与被审计单位的博弈关系

Figure3 The game relation between government auditing and the units audited after more punishment

第二，加大抽查概率，假设审计抽查率为 100%。被审计单位违法违规所得变为0，仍然没有发生内化的成本，被审计单位仍然会选择违法违规（见图4）。

		被审计单位	
		违法违规	不违法违规
政府审计	存在	（1，0）	（1，0）
	不存在	（0，256）	（0，0）

图 4　加大抽查概率后政府审计与被审计单位的博弈关系

Figure4 The game relation between government auditing and the units audited after increasing the inspected amount

第三，对违法违规单位的领导人进行追责，将国家发生的社会成本转化为单位领导的私人成本。这一点特别适合政府部门和机构。如果对政府部门和机构进行惩处，其可以采取的方式，一是可以消减部门预算直至整改完成。这也是一些国家的做法，议会可以根据审计建议调减甚至取消某项预算。如在美国，对不接受审计建议的拨款单位停止拨款或削减下一年度的拨款（审计署审计科研所 d，2014）。但这样也会导致影响政府部门履行职责。二是对部门机构进行处罚，但是部门机构的处罚资金来源仍然是财政资金，反而更增加了社会成本。所以就政府部门和机构而言，最有效的惩处方式是加强对责任人的直接的审计问责。

综上所述，现有的农村面源污染治理审计关系可以增加对问题的发现和揭示程度，但是在惩处、震慑和预防方面存在缺陷。加大对违法违纪的处罚力度、加强对单位责任人的问责，才能有效地防范违法违规的发生，减少社会成本，推动惠民政策的落实，促进完善环境治理。审计署在 2018 年的全国审计工作会议上指出："审计中，要拓宽工作视野，跳出传统资源环境审计的视角局限，突出生态环境问题与领导干部履职尽责情况的关联，重点关注领导干部履行自然资源资产管理和环境保护责任情况。"对领导干部进行环境责任的定性和定量评价，科学认定责任，并进行有效的追责问责，是推动环境治理进展和取得实效的审计途径。

三、党和国家监督体系中的政府审计

党的十八大以来，党中央、国务院出台了一系列政策文件，为新形势下的审计进行了更加明确的定位。2013 年，十八届三中全会提出了"加强和改进对主要领导干部行使权力的制约和监督，加强行政监察和审计监督"；2014 年，十八届四中全会更是进一步提出了"强化对行政权力的制约和监督。加强党内监督、人大监督、民主监督、行政监督、司法监督、审计监督、社会监督、舆论监督制度建设，努力形成科学有效的权力运行制约和监督体系，增强监督合力和实效"，将"审计监督"列为党和国家监督体系。2015 年，中共中央办公厅、国务院办公厅印发《关于完善审计制度若干重大问题的框架意见》及相关配套文件，其核心就是保障依法独立行使审计监督权、更好发挥审计在党和国家监督体系中的重要作用。审计监督是党和国家监督体系的重要方面，是强化对权力监督和制约的制度性安排。2017 年，党的十九大报告提出，"健全党和国家监督体系……要加强对权力运行的制约和监督……构建党统一指挥、全面覆盖、权威高效的监督体系，把党内监督同国家机关监督、民主监督、司法监督、群众监督、舆论监督贯通起来，增强监督合力。"

审计机关依法全面履行审计监督职责，坚持党政同责、同责同审，对依法属于审计监督范围的所有管理、分配、使用公共资金、国有资产、国有资源的部门和单位，以及党政主要领导干部和国有企事业领导人员履行经济责任情况进行全面审计，做到应审尽审、凡审必严、严肃问责。将审计的结果最终落实到对领导人的问责之上，才能切实保障资金的安全性有效性，努力达到政策措施实施效果，推动国家治理目标实现。在环境治理方面，开展领导干部环境保护责任离任审计、领导干部自然资源资产离任审计，落实损害责任终身追究制度，从领导人的权力运用入手，将领导干部的环境责任置于制度化的监督之下，将有效提升审计的权威性和价值，有针对性地解决“屡查屡犯”的问题，遏制违法违纪。

第五节 本章小结

我国当前农村面源污染严重，对于面源污染的治理，主要采用了各种经济手段、技术手段和制度手段。我国政府审计已经开展了相关面源污染治理的审计活动，发现了问题，提出了建议。在当前审计关系的基础上，应加大对违法违纪的处罚力度、加强对单位责任人的问责，有效地防范面源污染治理中违法违规等问题的发生，提高审计的作用。在党的文件层面所明确的审计加强对权力的监督和制约，对违法违纪、不作为乱作为的责任人进行严肃问责，将会有效提升审计的权威性，更加发挥审计的作用。对领导干部的环境责任履行进行审计监督，开展问责，将有力地推进农村面源污染治理取得实效。

第五章　美国与英国的面源污染治理审计借鉴

第一节　美国面源污染治理概况与进程

一、美国水污染控制法案的制定

从世界范围看，对面源污染的认识及重视始于20世纪70年代的美国。美国对面源污染治理进行了广泛的探索，已初步建立了面源污染的规制政策、技术标准和经济激励手段，从法律角度明确了管理机构在污染治理中的责任与权力（韩洪云等，2013）。

美国自1948年开始有了水污染控制法。从20世纪60年代后期开始，美国水污染日益严重，原有水法已不能适应控制水污染的需要，制定新的水法势在必行。经过三年的酝酿和协商，终于在1972年10月18日通过了著名的PL92-500，规定建立全国统一的控制技术标准，首次明确提出控制面源污染，使美国的水污染控制进入了一个新的历史阶段。在美国，公众习惯于把水法叫作净水法或清洁水法案（Clean Water Act），而官方正式称呼为联邦水污染控制法（Federal Water Pollution Act）（袁铭道a，1986）。

1972年以来清洁水法案虽然做了多次修正，但是仍然以PL92-500为基础。法案第一条第一款为：本法的目的是恢复和保持国家水体原有的化学、物理和生物特征。法案提出了很高的水污染控制目标。为此需要建设大量的污水处理工程，联邦政府也给予了大量的资金支持。

二、美国对面源污染的治理

随着控制城市点源污染取得进展，非点源污染对水体水质的影响越来越受到重视，要求控制的呼声越来越高。美国60%-70%的水体污染来自农业面源污染，不合理农药施用导致的环境问题是美国农业环境保护政策的重点（韩洪云等，2013）。1978 年的第九次全国环境质量报告书中，美国环保署就面源污染对水体水质的影响做了如下估计：面源污染发生的沉积物量，约为城市污水和工业废水经处理后排放量的 360 倍，其中农业面源污染带入水体的沉积物占 50% 以上；面源发生的生化需氧量以及氮和磷等营养物负荷，约为城市点源的 5 倍 -6 倍。美国审计署于 1977 年提出的报告称：估计由面源带入水体的污染物，超过污染物总量的二分之一，因此面源污染是造成水污染的主要原因，如果不能有效地控制面源污染，清洁水法案的目标难以实现。

在美国，引起面源污染的原因主要有三个：农业土壤侵蚀、城市暴雨径流以及开矿。而早期的水污染控制法案仍以点源污染控制为主，把面源放在次要的位置，相关数据获得非常困难，更没有控制的技术和经验。1995 年的法案曾责成农业部和环保署与农场主协商并订立合同，开发减少农业面源污染的技术，对采取最佳管理技术的给予资助，然而没有得到农场主的广泛支持，未能取得显著效果（袁铭道 b，1986）。美国国内不少人士，包括审计署批评环保署仅仅只是不断提高点源污染治理的要求，指出单纯投入工业废水处理设施，只是浪费资金，起不到改善水质的作用。美国近年流域治理的重点为面源污染监测及治理，在治理行动计划上，联邦政府设立了 500 亿美元的清洁水基金，主要作为“种子基金”，吸引地方政府共同投资，供农民、企业或地方通过无息或低息贷款的方式进行面源污染治理（谭绮球、苏柱华、郑业鲁，2008）。

第二节　美国审计署面源污染治理审计

一、美国审计署的职责

（一）美国审计署的演进

美国审计署（The U.S. Government Accountability Office，缩写为 GAO）是为美国立法机构服务的独立、无党派专业机构，成立于 1921 年。1921 年国会通过《预算和会计法》，该法律的目的在于改善第一次世界大战后联邦的财政管理。战争时期的花费增加了国家的债务，立法者认识到他们需要更好的信息对支出进行控制。国会通过的《预算和会计法》，要求总统提交年度联邦财政预算以改进经济责任的履行。建立美国审计署负责调查一切与联邦公共资金取得及分配有关的事务并向国会报告每一笔违反有关法律的支出项目。该法案使审计署独立于行政机构，赋予它调查联邦资金使用的广泛的权力。审计署的早期工作主要负责报销凭证的审计，行使联邦政府总会计的职责，重点放在政府支出是否合法、恰当，检查由行政管理和资金使用部门编制的记录支出信息的凭单（审计署审计科研所 a，2014）。《1970 年立法机构改组法》等法案进一步扩展了审计署的工作范围和权力。

第二次世界大战后，审计署将工作重点更多地从检查单一的凭单转向对联邦支出的综合审计，对政府运作的经济性和效益进行检查。20 世纪 60 年代晚期和 70 年代早期，审计署将工作范围扩大到项目评估（program evaluation）（GAO，2001）。20 世纪 80 年代和 90 年代早期，审计署核查政府运作的高风险领域，更为注重预算事项，推动改进联邦财政管理。

（二）美国审计署当前的职责

作为“国会的看门狗”，美国审计署审查联邦政府怎样花费纳税人的钱财。审计长由总统从国会提名的候选者中任命，任期 15 年。美国审计署的职责，是在国会行使宪法责任时提供支持，并为了美国人民的利益帮助联邦政府改进绩效和确保履行责任。审计署及时为国会提供客观的、基于事实的、无偏的、无思想意识形态的、清晰的和公正的信息。审计署应国会或者其下属委员会的要求，公共法律或者委员会报告的委托，进行各项工作，同时也在审计长的领导下开展研究。具体来说，审计署审计联邦机构运营情况以确定联邦资金是否花费得高效并富有成果；对违法和不适当行为开展调查；报告政府的项目和政策符合政府目标的程度；为国会决策进行政策分析和列示选择方案等。审计署为国会和政府执行机构的领导在促使政府如何更有效率、富有成果、符合道德、公平和回应的途径方面给出建议。审计署的工作促进了政府运营的改进、节约政府和纳税人的资金（GAOa，2015）。

二、美国审计署对面源污染治理的审计

基于审计署的职责，美国审计署根据法律的授权和国会的要求，开展了面源污染治理情况审计。

美国审计署最早的关于面源污染的审计报告，是发布于 1970 年 7 月的《自

然资源与环境：在符合国家水质量目标方面面源污染的影响》[①]（GAO，1970）。美国审计署早在清洁水法案1972年颁布之前就认识到面源污染（Nonpoint Source Pollution）的问题及其对国家实现水质量目标的影响。

1977年2月，美国审计署发布题为《如果没有更多的对来自弥漫或者"面源"的污染的关注，国家水质量目标将不能达到》的审计报告（GAO，1977）。报告认为面源污染有三个来源：污染物沉积、酸性矿排放和被暴雨径流带进河流的农药，相比来自导管排放点的污染来源，面源污染的排放能发生在沿着水体的任何地方，导致其更难以控制。审计署指出最好的控制面源污染的方法是通过适当地管理土地，尽可能地阻止更多的污染到达水里。但是存在的问题是，州和地方机构没有解决这个问题的充分的数据。数据的重要性在于：在水污染控制总资金有限的情况下，更好的数据对于建立优先项目和评价选择是必要的。而正是由于过于重视控制点源污染而忽视了面源污染，才导致缺乏关于面源污染的充分数据。

1979年7月，美国审计署审计长斯塔茨在国会的监督与检查小组委员会和公共工作与运输众议院委员会发表证词[②]：《面源污染对于达到国家水质量目标的影响》（GAOa，1979）。这份证词实际上是一份完整的研究报告，系统阐述了美国面源污染的形成原因、负面影响、存在问题，并指出应当采取的行动。当时美国社会重视点源污染，花费数以亿计的资金加以治理，然而在面源污染治理方面却不够重视。截至1978年9月30日，覆盖面源污染的主要联邦项目投入资金23200万美元，而覆盖市政的点源污染治理资金则有280亿美元。涉及面源污染问题的资金缺乏、数据不足，也因此导致不清楚面源污染的严重程度，找不到合适的解决方法。在报告中，美国审计署首先定义了面源污染：面源污染是指污染物质以弥漫的和稀释的形式而不是来自明确的排放点的形式进入水中导致的污染，主要的面源污染是来自农地土壤侵蚀的沉积物。提出国家尽管在点源污染治理方面花费资金和精力，但是来自于面源的污染，比如饲养场、垃圾填埋地和农业，是从市政和工业点源排放的污染的5到6倍，水质量目标因此也不能达到。由于面源的弥漫性、来源复杂和难以测量，其严重程度难以评估。审计署通过对环保署项目的评估，认为导致面源污染得不到有效治

① 该报告是目前可查的美国审计署网站公开发布的第一篇有关面源污染的审计报告，但是报告内容没有显示。

② 证词（Testimony）是美国审计署审计报告的一种形式，是美国审计署根据国会有关委员会的要求提供的，向该委员会或其成员说明有关事项，为该委员会职责范围的事项提供证据支持。

理的原因在于：一是相关法案没有提供实施面源污染控制的资金，或者就资金的使用提出综合的要求；二是一些相关机构的计划没有充分地达到各项法定的水质量要求；三是关于面源污染的水质量数据不充分；四是在联邦资金用完之后，地方当局缺乏承担责任继续提供水质量计划的资金；五是一些用于保持环境的资金被用在了其他方面，如农业部的“土壤保持服务部和农业稳定与保护服务部执行项目”，大多数资金被花费在加强粮食生产而不是控制土地侵蚀。审计署对环保署提出，应当开始设计用更经济有效的方法来达到水质量目标的战略，要开发更多和更好的关于面源污染来源、程度和影响的数据，以便在资金有限的约束下选择更有效的项目方案。

1979 年 8 月，美国审计署发布报告《面源污染对于达到国家水质量目标的影响》（GAOb，1979），再次重申了在 7 月份报告中提到的环保署的项目没有起到作用、治理面源污染效果欠佳的原因，并且强调目前环保署的项目正在弥补数据信息的缺口，但是如果不延期的话，项目将面临 1980 年期满而不能继续的情况。

虽然污染治理的主要责任在环保署，但是由于面源污染更多地来自农业，农业部也成为面源污染治理的主要机构。一份 1977 年美国环保署给国会的报告表明，美国的 246 个河流流域中，有 68% 存在来自农业的面源污染。全国每年 40 亿吨沉积物，四分之三来自农业土地，最终都排进了水域。农业部的研究也表明，每年有 4500 万吨的土壤正在被侵蚀。因而农业部也承担了有关土壤保护的项目。审计署之前的报告表明，农业部的“土壤保持服务部和农业稳定与保护服务部”的项目，用来减轻或者控制土壤被侵蚀，帮助农民开展水土保持活动。当这些项目开始运行时，也有助于预防或减少与农业有关的污染。但是这些项目在促进土壤保持质量和减少侵蚀以达到可接受的标准方面，还没有发挥的有效的作用。1990 年，农业部发起了一个新的水质量保护活动，对原有项目进行了扩展。审计署随后对农业部这一涉及 10 个机构、当年预计花费 1.55 亿元的水质量活动进行了审计。审计报告在肯定新的活动具有更广泛和更好的系统性的同时，也提示农业部在水质量管理方面没有制定综合性的部门政策。

根据 1987 年清洁水法案修正案的 319 章，联邦在面源污染的治理中起领导作用，而具体实施则在州和地方。州和地方接受用来支持各种活动的拨款资金和项目，包括技术援助、财政援助、教育、培训、技术转让、示范项目，以及对具体面源污染治理实施项目成果的监测情况进行评估。在面源污染治理中，联邦的统一领导和环保、农业等有关各部门的协调尤为重要。1990 年 11 月，美国审计署发布了《对于减少面源污染来说，需要加大环保署的领导》的审计报告（GAO，1990）。报告主要揭示了两类问题：一类是联邦政府部门的某些活动与清洁水法案的目标存在冲突，妨碍了州和地方政府控制面源污染。如农业部和林业局的一些活动造成了土壤侵蚀和水污染。还有一类是联邦对州的支援欠缺问题。州缺乏控制水污染必需的技术信息、联邦指导和资源，用于面源污染治理的资金与其严重性相比相形见绌。资源约束、不当的资金优先和资金短缺，使环保署巩固其工作成效和在应对面源污染问题上发挥领导作用变得困难。

随着面源污染治理活动的开展和不断深入，一方面加强联邦的统一领导和联邦机构间的协调更加重要，另一方面强化部门对项目的监督职责、科学选择评价和指导州所进行的方案进一步提上了议事日程。审计署围绕清洁水法案的要求，从全国层面调查和研究这两个方面的问题，提出审计建议，为国会提供帮助。根据清洁水法案的 319 章，每年环保署提供拨款给州实施项目以应对面源污染。其中 2012 财年拨款 16500 万美元。法案要求接受拨款的州必须符合最低的拨款条件。环保署则有 10 个地区办公室监督州项目，来确保州的方案能够被切实地实施。农业部也有保护水资源的项目。2012 年，美国审计署发布了一份针对环保署和农业部的关于面源污染治理的动态报告（GAO，2012）。报告指出：各州所实施的减少面源污染的方案，自 2000 年以来已经帮助恢复了超过 350 个受损的水体，但是其他方案却遇到了严重的挑战，28% 的方案没有达到最初在计划提议里面确定的目标。环保署的问题在于：下属 10 个地区办公室对各州挑选方案的标准不全面不统一；监督方案运行和评价方案成效的方法也不完善。农业部的问题在于：虽然农业部的环境质量激励项目可以补充环保署的减少面源污染的工作，但是如果实施不当，可能对水质产生负面影响，如径流经过富营养的田地进入附近的水体而传送污染流。尽管农业部的自然资源保护服务部（NRCS）有程序在运行，意图确保它的实践没有无意中损害水质，但是有些程序可能并没有追随清洁水法案涉及的流域，通过合适的测量以减轻潜在的水质损害。很多数据也只是设置在它的场地办公室，没有得到分析利用。对于这些问题，审计署提出：环保署作为清洁水法案履行职责的主要部门，应当对环保署的 10 个地区办公室就怎样完成监督职责提供明确的指导，比如如何确保方案可行、如何检查州的计划。农业部应当确保保护土壤资源的努力没有与保护水质量的努力相冲突，要从场地办公室获取必要的信息并加以分析，确定哪些方案更加合适，特别是在清洁水法案已经实施并投入资金的州的流域。审计署不仅提出建议，还实时监督推动审计建议的执行。在这份报告发布后，审计署跟踪建议的落实，公开环保署和农业部的审计建议执行进度。后续跟踪报告显示：2013 年，环保署发布了最终版的“州和流域范围的面源污染项目和拨款指导”，对地区监督列出了更具体的要求。而农业部的进展则不理想，农业部自然资源保护服务部认为它的土壤保护实践没有降低水质量，而且自然资源保护服务部正在承担着一项相关研究。审计署将评估这项研究中的减轻污染的方法所能达到的程度。

美国的污染治理投资结构是：州环境机构使用环保署拨付的联邦资金，以及州的资金，落实和强制实施国家的环境法律，包括清洁水法案、清洁空气法案和安全饮用水法案。在这种方式下，州作为合作者和共同监管者，发布和强制实施许可，执行检查，以及监督和收集数据。环保署给州所提供的拨款，是按类别拨付，通常分为四类：水污染控制、面源污染、空气质量和地下流入控制。在过去的 10 年中，对环保署分类拨款的批准已经普遍减少，从 2004 财年的 11.7 亿美元减少到 2012 财年的 10.9 亿美元（按现值计算），并且各地区各类拨款的增加并不一致。由于环保署拨款资金减少，各州应对资金的变化，对项目做了不同的调节，如重新组织项目的人员，开展更有效的努力，削减最不要紧的项目等。审计报告“自然资源与环境：10 个州的 4 个环保署分类拨款支持项目的资金”（GAO，2013），强调了国会和州的官员等利益相关者的担忧，包括资金的拖欠和削减，减少了州的控制和监督能力，以及扩大服务和技术援助的能力，进一步的削减将使达到环境项目的要求产生困难。

1972 年的清洁水法案，目的在于“恢复和保持国家的水的化学的、物理的和生物的健全”。在这个法案下，州必须建立水质量标准；对于没有符合这些标准的水域，州必须设置“总的最大的日常负荷（TMDL）”系列，并经环保署批准。环保署通过制定批准各项 TMDL 的最低要求的规定、拨付资金、提供技术援助来监督州的 TMDL 的工作，州通过识别损害水质的污染来设置各项 TMDL、实施领导，采取行动减少污染。审计署 2014 年 1 月发布的报告《清洁水法案：如果关键的环保署项目想要有助于实现国家水质量目标的话，必须进行改变》(GAO，2014)揭示：大约50000项设置和批准的TMDL中，将近35000项在5年多以前就被批准，缺少实时的更新，以致没有包含所有必要的与水质量标准有关的信息，如：识别污染原因应激物、显示达到标准的处理方式、详细说明TMDL的实施方法和实施者、确保必要时定期的修订。出现这些问题的原因在于，环保署的现有规章没有明确地要求TMDL包含这些关键的特征，最终导致受损害的水体不太可能真正达到标准。由于清洁水法案处理面源污染大部分通过自愿的手段，环保署并没有直接的权力强迫土地拥有者采取规定的行动减少此类污染。这也使得TMDL系列中的83%通过准许已经达到了点源污染治理目标，而只有20%达到了面源污染治理目标。审计署建议环保署应当为TMDL的开发、增加关键的特征发布新的规章，国会也应该考虑修订清洁水法案中处理面源污染的方式。

面源污染治理的重要地区在农村。环保署、农业部、住房和城市发展部、卫生和人类服务部等七个联邦机构为农村的水基础设施改进提供资金和技术支持。环保署的“饮用水和清洁水循环基金”是最大的资金和援助，2014财年分别是9.07亿美元和14.5亿美元，其中的一些资金拨到了乡村社区。农业部2014财年下拨了仅次于环保署的4.85亿美元的资金。面对高昂的老旧恶化的饮用水和废水设施的升级投入，许多农村社区在筹集资金更换或升级老化和废弃的饮用水和废水的基础设施方面，面临着重大的挑战。联邦机构估计在未来的几十年中，在这些社区更换基础设施的成本，将超过1400亿美元。2015年2月美国审计署的报告《乡村水基础设施：联邦机构提供资金，但是要增加合作以帮助社区》(GAOb，2015)指出：农村社区严重依赖联邦和州的拨款，而一些农村社区没有技术专家，很难聘用顾问和工程师来帮助设计水处理方案，完成申请资金的必要的技术文档。农村社区存在的问题是：当申请多重的州和联邦的项目时，需要面对重复的申请需要，使得申请工作更加昂贵和费时。报告还指出：从2015年2月起，环保署、农业部以及其他几个联邦机构已经采取了措施，改进了农村社区的资金和援助申请手续，加强了各部门间的协调。最明显的，就是开发了一个农村社区能够用来向多重的机构申请资金的标准工作报告，节省了成本和时间。审计署在报告里建议进一步改进联邦机构的农村社区资金项目的合作。审计署的建议也得到了环保署和农业部的基本同意。

第三节 美国审计署面源污染治理审计的特点

美国审计署开展的审计项目大多数是绩效审计项目，关注被审计对象管理中存在的问题，提出审计建议。同时，美国审计署对重大的审计项目，通常开展跟踪性的审计，进行多年的连续关注和动态披露，不断推动被审计对象工作的改进，达到政策目标。审计署具有机构的独立性和视野的宏观性，能够从整体和全局的层面进行审视和分析，增进部门和层级之间的协调统一，进而促进国家治理机制和制度的完善。

一、围绕联邦清洁水法案等法案的目标开展面源污染治理审计

美国审计署成立之初，侧重于其法定职责中的控制方面，重点放在政府支出是否合法、恰当，其工作大量集中于检查由行政管理和使用部门编制的记录支出信息的凭单。这一段早期的历史，经常被称为凭单检查时期。二次世界大战后，美国审计署将工作重点更多地转向对联邦支出的综合审计。综合审计要求对公共资金使用的合理性、合法性、诚实和效率进行检查。根据《1970年立法机关重组法案》，美国审计署根据国会和其下属委员会、议员的要求，对联邦政府各机构、各部门、各社团等的与联邦预算、国家安全和公民福利有关项目的执行结果，进行评价和考察，判断是否达到项目预定的或法律的目标、国会和公众的要求与期望。对联邦项目的执行结果所进行的评价，包括其经济性、效益性和效果性，使美国审计署进入绩效审计时代。当今美国审计署通过范围广泛的财政和绩效审计、项目评估（financial and performance audits and program evaluations），服务于国家治理。

从20世纪70年代开始，美国审计署就关注了面源污染对国家水质的影响。清洁水法案颁布之后，美国审计署围绕法案设立的目标，通过对相关部门、资金和项目的审计，在污染治理的不同阶段发现不同层面的问题，适时提出合理建议，推动法案目标的实现。

二、发布的审计报告多属于研究型报告

美国审计署的工作分为三个主要领域：监督、洞察、预见（基恩·多达罗，2013）。面源污染治理专业性强，不仅需要大量的资金和长期的投入，更

需要适用的技术以及相关部门的协作。如果不具备一定的专业知识，很难对资金的使用效益和法案目标的达到程度进行评价。美国审计署不仅受国会委员会及其下属机构委托开展审计工作，同时也在审计长的领导下承担研究工作，是一个兼具实务型和研究型的独立机构。

对于面源污染，美国审计署要研究有关面源污染的物理化学知识、其他机构的研究报告成果、相关法律法规以及诸如环保署农业部农场主等各个利益主体之间的关系等问题，向国会和公众发布更具说服力的报告，彰显审计机关的评价政策执行情况的影响力。美国审计署 1977 年的审计报告分析了面源污染的三个来源：污染物沉积、酸性矿排放和被暴雨径流带进河流的农药，指出了存在的问题和提出了建议。1979 年的证词更是一份完整的研究报告，系统阐述了美国面源污染的形成原因、负面影响、存在问题，并指出应当采取的行动。这份报告对面源污染进行了定义，详细分析了面源污染得不到有效治理的原因，是美国审计署对面源污染进行系统研究的早期成果。审计报告并非就事论事，而是含有大量的背景信息、数据分析、资料引用和政策建议，有些审计报告多达好几十页。美国审计署的目标是要把审计署打造为世界级的专业服务组织。这需要审计人员具有深厚广泛的相关学科的专业知识，能够进行正确的分析判断，具备深刻的洞察力和政策敏锐，以及高度的责任意识。美国审计署发布的审计报告，充分体现了审计人员的这些专业能力。

三、跟踪审计面源污染治理状况

清洁水法案颁布已有 40 多年，随着法案的执行、修正和完善，面源污染问题也在呈现着不同的阶段特征。美国审计署通过审计活动和分析研究，能够及时捕捉关键问题，进行比较深入的剖析，指出症结所在，提出适当合理的审计建议并督促执行。

20 世纪 70 年代，人们对面源污染还缺乏足够的认识，重点精力放在了治理点源污染上面。美国审计署及时发布审计报告，提示在点源污染之外还存在着严重的面源污染问题，要在资金和计划方面给予考虑，要加强信息数据的获取。在面源污染的治理中，部门间的合作协调十分重要，尤其是环保署和农业部。而各部门由于职责不同，在实际履职时可能出现冲突的情况而互不知道已经妨碍了整体目标的实现。审计署则能够在对各部门审计时，站在全局和综合的位置上发现问题。审计署在报告中多次指出农业部、林业局等部门在实施本部门项目中和清洁水法案的冲突，影响环保目标的实现，强调部门间的协调和治理的系统性。美国是联邦制的国家，在污染的治理中，环保署需要州的大力配合。审计署的报告也关注了联邦和州的关系，指出州缺乏承担项目的资金、技术和数据，严重依赖联邦的支持，影响了各项目实施效果。污染的治理越来越需要技术标准的准确和精细。审计署注意到了诸如“总的最大的日常负荷”这样的重要水质指标由于缺少实时的更新，以致没有包含所有必要的与水质量标准有关的信息的问题，并指出问题的原因，督促环保署发布新的规章。

四、面源污染治理审计产生了良好的效应

由于美国审计署的报告基于大量的事实，有科学的分析和适当的建议，往往得到国会的重视和社会的认同。1977 年审计署所提出的“如果不有效控制面源污染则水污染目标难以实现”的观点，得到了相当广泛的赞同和支持。审计报告提出的农业土壤浸蚀和城市暴雨径流在面源污染中占主要位置的研究结果，也引起美国社会的重视。审计署提出的建议也促使环保署及时改进。1980 年和 1983 年审计署提出环保署的污水处理设施不合格、环保署放松监管、报告不完整的问题，促使环保署对 531 个处理设施的运行效果重新进行评价。环保署曾经向国会申请对水污染有权征收罚款，国会起初不同意，司法部根据审计署的报告支持环保署的立场，使国会在 1984 年初将此列入议案（袁铭道 c，1986）。

2012 年审计署提出环保署应当“对负责的 10 个地区的项目就怎样完成监督职责提供明确的指导，比如如何确保方案可行、如何检查州的计划”的审计建议，促成了环保署 2013 年发布了最终版的“州和流域范围的面源污染项目和拨款指导”，对地区监督列出了更具体的要求。而 2015 年美国审计署提出的对于乡村水基础设施申请联邦机构资金要增加部门合作的审计建议，也得到了环保署和农业部的基本同意。

第四节　我国面源污染治理审计活动与美国审计署之比较

我国审计机关成立只有三十多年，与美国审计署将近百年的历史相比，存

在一定的差距。同时，我国与美国有着截然不同的国家行政体制和财政体制，在审计活动开展的组织形式和审计方式上都有着明显不同。

一、我国面源污染治理审计分不同区域进行

我国在行政上实行中央统一领导体制，通过近 20 年的分税制，中央财政掌握了主要的财政收入。2014 年，中央一般公共预算收入 64493.45 亿元，全国一般公共预算收入 140370.03 亿元，中央一般公共预算收入占全国的 46%；中央税收收入决算数 60035.40 亿元，全国税收收入决算数 119175.31 亿元，中央税收收入决算数则占全国的 50% 以上。而环境污染治理职责主要在地方，通过地方采取措施进行治理活动实现环境目标。中央财政通过转移支付方式将资金拨入地方，有时要求地方再配套相应比例的资金。因为中央财政资金运行到了地方，审计署根据法律规定的职责，必然审计拨入地方的资金。通常是通过各地设立的特派办进行审计的。我国地域辽阔，各地情况千差万别，必须分不同地方进行审计，并在审计报告中分别反映。而美国是联邦制国家，中央财政根据国家层面的需要进行拨付，审计署则通常在相应的国家层面进行审计，对面源污染治理国家层面的总体情况进行审计并发布报告。虽然有时也会对某个州的情况发布审计报告，但仍然是国家视角下的局部情况报告。

二、我国面源污染治理审计通常以资金、项目为对象

我国政府审计的对象主要是项目、资金、机构。就面源污染治理审计而言，因面源污染治理主要是设立项目安排专项资金，所以审计往往以资金项目为对象，以资金投入运行轨迹为线索进行，通过对资金使用的合法性和效益性审计，揭示问题提出建议。这也是传统审计方法在环境审计中的体现。而美国审计署开展的面源污染治理审计，通常以政策执行情况为线索进行。美国的水污染控制法等法案规定了污染治理的目标和各部门机构的职责，审计署则根据法案要求审查部门职责的履行和治理目标的实现情况，关注其中的管理与绩效问题。同时，由于污染治理是一个漫长的过程，审计署采取的是常年的动态跟踪审计的形式，针对法案执行不同期间的特点进行重点审计，持续推动法案的有效执行，不断达到法案目标。

三、我国面源污染治理审计的动态连续性不足

就审计署层面开展的面源污染治理审计而言，以阶段性审计为时间特点，按照项目的执行期间进行审计，即在项目实施达到一定阶段时进行大规模的全国范围的审计，发布审计报告，可以形容为战役式的活动。这种审计方式可以集中力量反映地方性的特殊情况和全国性的普遍问题，有利于全面揭示和提出机制体制改进建议，在整体上推进污染的全面治理。但是，这种阶段式的审计由于没有后续的持续监督，导致审计过后难以观察污染治理的成效和目标的实现程度，在推动实现政策效果上存在缺陷。对于持续长期进行的活动，相应采取动态跟踪审计的方式才是适当的选择。目前，我国某些地方审计机关开展了面源污染治理的连续式跟踪审计，如江苏省持续每年对太湖面源污染治理情况进行跟踪审计，对持续推进污染治理起到了积极的作用。

第五节　英国审计署的面源污染治理审计

一、英国审计署面源污染治理审计的主要内容

与美国不同的是，英国在 2016 年通过公投脱欧之前是欧盟成员，因此要遵守欧盟的法律。在水环境保护方面，欧盟建立了《欧洲水框架指令》，2000 年，英国同意将工作重点转向水框架指令，最迟在 2027 年达到水框架指令为所有的水体（包括河流、运河、湖泊和海岸的水）所建立的新的水和生态质量标准。在这项工作中，环境署在英格兰有领导责任。为了应对面源污染，环境署每年要花费 800 万英镑。另外，环境署还开展了一些治理活动，如“英格兰水流域敏感农业活动行动”“水流域管理计划”，这些活动也有助于减少面源污染。

2010 年，英国审计署对环境署应对面源污染的治理行动进展情况和成效进行了审计，发布了《环境署：应对英格兰的面源水污染》的审计报告（NAO，2010），指出环境署还存在的影响治理成效的问题，提出了审计建议。2014 年，应议会的环境审计委员会的要求，审计署发布了环境保护 10 个领域治理进展情况的评估简报（NAO，2014），这 10 个领域包括：大气污染和气候改变；

空气污染；森林；土壤、洪水和海岸保护；废弃物；淡水环境；水资源可利用性；海洋环境。在其中的“淡水环境”部分，审计署又强调了减少农业面源污染对达到欧盟所要求的目标和实现英格兰政府 2010 年出版的“自然环境白皮书”所描画的蓝图的重要性。

综合审计署的审计报告，英国审计署面源污染治理审计的内容主要有：

（一）欧盟水环境政策的执行情况

欧盟的政策法令对于欧盟成员有强制性作用。在水环境保护方面，如果欧盟委员会到期评估时不认可英国的水体治理成果，那么它可以对英国政府采取法律行动。而一旦法律行动实施，英国将面临相当大的财政处罚。英国审计署对英国执行欧盟的《欧洲水框架指令》情况进行了审计。审计报告指出：在 2009 年，英格兰只有 26% 的河流、湖泊和其他水体符合《欧洲水框架指令》建立的近乎苛求的分类体系所要求的水质量标准。“环境食品与乡村事务部”和环境署都无法预期所有的英国水体能够在 2027 年之前达到这些标准。因为有些水体，治理起来耗费太大或者没有技术上的可行性，而欧盟指令却并不考虑这些原因。因此，审计署认为环境署还需要采取更有效的措施。

（二）环境署实施的治理行动成效

作为环境治理的领导机构，环境署开展了一系列活动促进英格兰达到欧盟的水质量标准，如“英格兰水流域敏感农业活动行动”“流域管理计划”。环境署认为农业是面源污染的主要原因，因此这些活动的目的也在于加强包括农民在内的利益相关者对面源污染的认识，培养农民控制化肥残留的扩散和重视家禽养殖管理的意识，改变不良的生产习惯。在英格兰，虽然大多数农民也承认其农场的活动对于水环境存在影响，但是更多的农民则认为自身的活动对面源污染几乎没有什么作用。因而，环境署对农民的劝说收效甚微，采用制裁措施也证明基本无效。审计署认为，环境署在将注意力从点源污染转向面源污染并着手改进环境方面已经成功，但是环境署的信息收集有限，没有充分识别面源污染在多大程度上影响了水质量达到标准，也没有识别哪些面源污染导致了在多大程度上影响了水质量达到标准，因此通过政府行为来改变农业活动以期减少面源污染的建议作用有限，需要进一步与利益相关方进行协调。审计署也肯定了环境署与“环境食品和乡村事务部”共同出资开展集水区研究以获得更多的证据的活动，以及环境署与农业部门在地方层面进行合作的成效，一些农民正在转向使污染减少的农业活动。

（三）环境署的资金使用绩效

2008 年 –2009 年，环境署在英格兰的水质量工作方面花费了 1.4 亿英镑，其中直接用于面源污染的估计有 800 万英镑。资金的绩效是绩效审计的主要内容，审计署通过对环境署减少面源污染行动效果的审计，对资金的使用效果进行了评价：由于数据不充分，以及数据分散，使环境署应对面源污染的方法成效不足，虽然环境署规划了一套协调各方利益的活动，但是没有证明其成效达到了 800 万英镑支出的价值，资金在拨款分配方面缺乏灵活性，在某些农场，资金没有被投入到那些最可能实现面源污染最大减少量的措施上面。因此不能说环境署合理使用了资源。审计署建议环境署要持续地追踪检查，丰富数据信息，准确识别各种面源污染的影响程度，还要分析实施处罚的效果和缺陷，增加资金使用的灵活性，同时给农民清晰的指导，给员工提供培训和更大的管理支持。

（四）环境署与农民等利益相关者的关系

农民和农场是控制面源污染的重要主体，农民的环境意识和农业活动直接影响了面源污染治理的效果。审计署对农民的面源污染认知进行了调查，也审计了环境署是否充分运用了财政激励和处罚措施。审计署调查的农民中有 72% 认为农业对面源污染的影响只有一点或者根本没有。《欧洲硝酸盐指令》对于“硝酸盐易受侵害地带”的农民的硝酸盐化肥使用的数量和时间设置了严格的限制，然而在 2008 年，被检查的 2300 个农场的 3%（69 个）存在违反指令的情况。审计署认为环境署应该在农业社区加强努力，提高农民的认知水平和改变习惯。具体来说，可以通过链接农业面源污染的数据库，清晰展示缓解污染的措施的好处，为农民提供更引人注目的案例。环境署还要改变碎片化的激励行动，以确保它资助在面源污染控制方面有更大效果的那些农场。当然，强制处罚也是必要的，但是环境署要识别无效的处罚，推进农民意识的改变和与环境署计划的配合。

二、英国审计署面源污染治理审计的主要特点

英国审计署的审计工作主要包括两大部分：财务审计和绩效审计。绩效审计审查政府项目、计划和行动的实施情况并提出改进的建议。在提高绩效方

面，英国审计署主要关注影响各部门绩效的三方面内容：（1）改进财政管理和财政报告；（2）信息的更好利用；（3）确保公共服务的有效开支。英国审计署对面源污染治理的审计，重点关注了环境署财政资金的管理水平、农业面源污染信息的充分性，以及面源污染治理专项支出的成效，突出地体现了绩效审计的这些特征。

（一）关注欧盟环境政策和本国政府环境目标的实现

脱欧前的英国，其环境目标要遵守欧盟的指令。欧盟的水环境治理政策和化肥农药排放标准，都对英国具有法律效力。为了达到欧盟的标准，英国政府也发布了自然环境白皮书，配合欧盟的政策规定本国政府所要采取的行动和达到的理想状态。审计署根据欧盟的政策要求和本国政府的环境目标，大力开展环境绩效审计，关注部门活动的绩效、资金的绩效、政策执行的绩效，采用调查分析的方法，指出部门活动的成效和不足，针对相关政策要求，提出具体的建议，始终致力于推动环境政策目标的实现。

（二）定期发布综合性环境评估报告

环境目标的实现是一个动态变化的过程，议会的环境审计委员会需要不断了解其进展过程和效果。审计署作为为议会服务的机构，积极发挥审计署的优势，除了日常的环境审计之外，还综合以往的审计结果，每隔五年发布综合性环境评估报告，内容包括关键项目和政策文件、官方的目标和统计、审计署的独立评估，以及特别委员会报告的文献综述。在评估报告中审计署评价五年来政府在环境保护方面的绩效，对政府环境白皮书提及的环境改进情况发表审计署的观点，并提出环境的长期挑战。审计署的报告为议会提供了丰富而专业的环境信息参考。

第六节　对美国审计署和英国审计署面源污染治理审计的借鉴

一、立足法规政策的目标开展审计

法规政策的目标是法规政策实际要达到的成效，是制定法规政策的实质所在。立法机构、政府和有关部门、公众等希望了解法规政策的执行情况以及目标的实现程度，需要审计部门以其法律授予的权威性、专业性和全面性给予公布，并且根据掌握的大量信息和自身能力提出有效的建议帮助改进，推动法规政策的执行和本身的完善。作为审计部门，必须理解法规政策的制定背景、实际含义和政策目标，才能有针对性地收集审计证据，进行审计评价。这就要求审计人员具有深刻的法规政策把握能力、准确的法规政策执行情况判断能力和提出有效建议的综合分析能力。自 2014 年 8 月，我国审计机关开展了中央稳增长政策措施贯彻落实情况跟踪审计，并且政策措施贯彻落实执行情况审计将成为审计机关一项长期性的审计活动。特别是在当前经济下行压力依然较大、稳定经济增长的任务依然艰巨繁重的情况下，审计人员必须更加学习领会政策措施的实质目标，在审计中立足政策目标安排审计进程、分析审计证据、做出准确合理的审计评价，并提出切实有效的审计建议。

二、根据不同时期的特点实行动态的跟踪审计

一项法规政策往往具有总体的稳定性和实施的长期性，以及实施中的适时修订。同时，随着法规政策被人们逐渐理解和逐步贯彻，使得不同时期显现出法规政策落实中的不同问题。在法规政策执行初期，主要问题在于人们对法规政策不熟悉不理解，不能把握要点。随着法规政策的执行，各种矛盾开始显现，需要各个部门的协调与合作。审计机关一方面要采取跟踪审计的方式，跟随法规政策的制定和修正开展审计活动，另一方面还要分析不同时期法规政策执行可能出现的不同情况，有针对性地关注重点问题，这样既可以提高审计效率，又可以提出切实的审计建议，促进法规政策的落实和政策目标的实现。

三、开发研究型综合审计报告

研究型综合审计报告不仅反映了审计机关的专业能力和水平，而且可以引领报告的阅读者建立宏观视野，充分认识报告所反映对象的性质、重要性及其在国家治理背景下的解决途径，凝聚社会各方关注形成合力，推进问题的解决和政策的完善。我国审计机关的审计报告在具体问题的陈述方面已经做到信息详实，对策建议方面做到合理可行，并强化了审计发现问题整改和审计建议执行的推动措施。但是在以国家治理为背景和以审计发现为依据的专业问题研究方面存在欠缺，尚未开发研究型的综合审计报告并公开发布。农村面源污染治

理问题持续时间长，涉及各方利益，需要整个社会充分重视和联合行动。审计署的研究型综合审计报告可以汇集审计结果和其他相关信息，以审计的专业视角发布观点，推动农村面源污染治理持续、有效地深入开展，达到治理的目标。

第七节　本章小结

美国和英国都是政府审计发展水平较高的国家。美国审计署较早地开展了面源污染治理的研究和审计，围绕环境治理法案的要求，近五十年来连续跟踪审计面源污染治理情况，反映有关部门履职和治理项目绩效，揭示存在的问题，提出独立的审计建议，并发布审计报告，督促建议执行。英国审计署对相关部门的面源污染治理行动和资金绩效进行了审计，为英国尽快符合环境法律的要求作出详细的分析和提出具体的建议。英美的审计活动取得了良好的社会效果，也为我国审计机关开展农村面源污染治理审计提供了可以借鉴的实务。需要说明的是，当前对美国审计署和英国审计署面源污染治理审计的借鉴也是有限度的借鉴。英美审计署的审计体制和所处的审计环境与我国不同，英美审计署直接服务议会，我国审计署则属于政府机构，我国在经济活动中还存在大量的违法违规问题屡禁不止，合法合规性仍然是我国审计机关当前审计的主要内容。对美国审计署和英国审计署的借鉴，更多的是在环境审计的视野和理念、审计思路和方法上面。

第六章　改善我国农村面源污染治理审计的思考

农村面源污染治理审计在审计的业务格局中不是专门、独立的一项审计活动，它需要在相关的审计项目中实施，以一定的组织形式、通过相关审计活动完成审计内容，实现审计目标。

第一节　我国农村面源污染治理审计实施的审计项目方式

一、财政审计中的农村面源污染治理审计

（一）财政审计

财政审计是我国政府审计的基本审计类型，也是审计的法定职责和永恒主题。审计是随着国家的产生和财政的出现而产生的，早期的国家审计是从财政审计开始的，财政审计始终存在并居于国家审计的核心地位。

政府审计是法定审计，我国财政审计的主要法律依据是宪法和审计法。我国宪法第九十一条规定："国务院设立审计机关，对国务院各部门和地方各级政府的财政收支，对国家的财政金融机构和企事业组织的财务收支，进行审计监督。"从宪法的高度规定了审计机关的职责，明确了审计监督的对象和内容。我国审计法第十六条规定，审计署在国务院总理领导下，对中央预算执行情况进行审计监督，向国务院总理提出审计结果报告；地方各级审计机关分别在本级政府行政首长和上一级审计机关的领导下，对本级预算执行情况进行审计监督，向本级人民政府和上一级审计机关提出本级审计结果报告。从历史上看，政府审计机构审计的基本对象就是国家财政，包括国家机关事业单位的财政资金、国有企业使用的财政资金，以及以转移支付方式形成的一般转移支付资金

和各种专项资金等等，数量庞大，用途不同，内容繁多。我国审计机关审计的直接对象，可以简单归纳为财政资金或者财政资金的转化。因而，从这种意义上说，从古到今政府审计的目标都是围绕着财政，财政审计是国家审计的永恒主题。

从世界范围来看，不论政府审计机关是服务于议会还是从属于政府，或是同时具有法院审判职责，审计机关的主要任务都是对政府财政收支进行审计监督，向立法机关提出审计结果报告。最高审计机关国际组织 1977 年通过的《利马宣言》第七章“关于最高审计机关的审计职权”指出：所有公共财务管理部门的收支，不论其是否反映或以什么形式反映在国家总预算中，都应由最高审计机关进行审计。世界各国的审计机关都通过财政审计，促进维护财政资金安全，推进民生保障，强化财政管理，提升政府活动绩效，防范贪污腐败，成为国家运行体制不可或缺的重要组成部分。

财政审计，是指审计机关依据法律、法规和政策规定，对国家财政收支的真实性、合法性和效益性，进行的审计监督。在我国，财政审计又称为财政收支审计，是政府审计的一种形式。根据我国现行的财政管理体制和审计机关的组织体系，财政收支审计又可以分为预算执行审计和决算审计，以及其他财政收支专项审计等具体形式。审计机关在 1983 年成立的最初几年，各级审计机关主要通过采取对部分地区财政收支进行审计的形式，开展财政审计工作，以此构建了审计工作的基本格局，奠定了政府审计在国家治理中的重要地位。根据“财政资金运用到哪里，审计就跟进到哪里”的要求，我国政府财政审计以促进建立现代财政制度、推动维护国家财政安全、推进财政资金绩效管理、推动财政政策贯彻落实取得实效为目标，将财政审计工作融入经济社会发展全局，不断增强财政审计的宏观性、整体性、建设性和时效性，发挥政府审计的保障作用。

（二）财政审计中的农村面源污染治理审计

我国环境污染治理投入以政府财政为主，尽管当前在环境污染治理中引入了社会资本的第三方治理，但是在环境治理领域特别是农村环境治理领域，依然是以政府财政投入作为主要形式。根据国务院 2015 年印发的《关于推行环境污染第三方治理的意见》，我国的环境污染治理模式将从谁污染谁治理转向排污者付费、第三方治理，但环境污染第三方治理应用在两个重点领域，即以城镇污水垃圾处理为重点的环境公用设施建设领域以及工业园区企业领域，并不涉及农村的环境治理。2010年至2014年，我国财政涉及水污染和农村环境保护的投入资金总量正在逐年增长。

表3　我国财政2010年-2014年农村环境保护和水污染防治决算数

Table3 final accounting of revenue and expenditure in rural environmental protection and water pollution prevention in 2010–2014 in China

（单位：亿元）

	2010年	2011年	2012年	2013年	2014年	合计
农村环境保护①	52.92	77.62	106.89	112.65	158.96	402.15
水体污染防治	364.87	386.19	408.07	420.77	471.78	2051.68
前两项合计	417.79	463.81	514.96	533.42	630.74	2453.83
环境保护总支出	2441.98	2640.98	2963.46	3435.15	3815.64	15297.21
合计占比（%）	17.1	17.56	17.37	15.52	16.53	16.04

资料来源：财政部网站 http：//www.mof.gov.cn/index.htm

2015年国务院印发《水污染防治行动计划》提出："推进农业农村污染防治。防治畜禽养殖污染。科学划定畜禽养殖禁养区，2017年底前，依法关闭或搬迁禁养区内的畜禽养殖场（小区）和养殖专业户……现有规模化畜禽养殖场（小区）要根据污染防治需要，配套建设粪便污水贮存、处理、利用设施。""控制农业面源污染。制定实施全国农业面源污染综合防治方案。推广低毒、低残留农药使用补助试点经验，开展农作物病虫害绿色防控和统防统治。"关于资金投入，该计划指出："增加政府资金投入。中央财政加大对属于中央事权的水环境保护项目支持力度，合理承担部分属于中央和地方共同事权的水环境保护项目，向欠发达地区和重点地区倾斜；研究采取专项转移支付等方式，实施'以奖代补'。地方各级人民政府要重点支持污水处理、污泥处理处置、河道整治、饮用水水源保护、畜禽养殖污染防治、水生态修复、应急清污等项目和工作。"

基于国家财政继续加大水污染防治和相关面源污染环境治理投入，在财政审计中进行农村面源污染治理审计仍然是农村面源污染治理审计的基本依托。具体来说，进行农村面源污染治理审计，可以通过预算执行审计、转移支付审

① 农村环境保护：反映用于农村环境保护方面的支出。有关事项包括：农用化学品（化肥、农药、农膜等）污染防治、畜禽养殖污染防治、土壤污染防治；农产品产地环境监测与监管；农业清洁生产技术示范；农村环境保护能力建设、宣教、试点示范等。

计、农业审计等具体审计项目得以实施。在审计实践中，这些审计类型存在着一定的交叉重合。

1. 预算执行审计中的农村面源污染治理审计

预算执行审计是审计机关的基本、常规审计项目，于每年的年度终了至第二年 3 月份进行。预算执行审计是指审计机关对本级各部门（含直属单位）预算执行、对财政部门组织预算执行的真实、合法和效益情况进行的审计监督。具体来说，就是审计机关对预算执行的全过程进行审计，审计预算的到位情况、执行率、执行中的问题、管理状况、执行的结果、政策目标实现情况。预算执行审计又可以分为部门预算执行审计和财政部门组织总预算执行审计。部门预算执行审计，是指审计机关依据法律、法规和政策规定，对本级政府各部门（含直属单位）预算执行及其他财政收支的真实、合法和效益情况，进行的审计监督。部门预算执行审计重在审计“执行”情况，而财政部门组织总预算执行审计重在审计预算总量“组织”和“管理”情况。在部门预算执行审计中，审计机关通过对环保部、农业部等与农村环境污染治理有关的部门进行预算执行审计，审计相关预算安排是否合理、是否存在资金的延滞、挤占和挪用等问题，监督预算资金的合理合法使用。在财政部门组织总预算执行审计中，审计财政部各项预算安排中关于农村环境污染治理的预算分配数、增长情况是否合理，是否符合经济形势、民生需要和环境保护治理的动态变化和要求。

根据国务院发展研究中心 2014 年发布的调查报告，我国主要污染物排放进入转折期，预计污染物排放峰值将出现在“十三五”期间。报告指出：“到 2020 年左右，化肥使用量、畜禽养殖量处于增长态势，农业源 COD、氨氮、总磷、总氮的排放量可能仍将处于上升态势或维持高位，且农业源污染物难以控制……将农业源 COD、氨氮、总磷、总氮的排放做一定的‘后移’处理。综合考虑各类水污染物排放量以及其减排速度，加总考虑，水污染物大致在 2016 年 –2020 年之间可以达到峰值，随后进入‘平台期’，进而缓慢下降”（国务院发展研究中心，2014）。

在农业源的污染治理日益受到重视、针对农业源的污染控制力度不断加强的背景下，面源污染治理投入将持续增加。从国际经验来看，农业面源污染的显著改善是一个更为长期的过程。审计机关应当关注总体环境状况和环境政策对财政政策的持续影响，从整体环境治理的视角对财政支出结构、增长水平等进行检查和进一步的研究，提出适应社会经济发展和改善支出结构、提高管理水平的审计建议。

2. 财政转移支付审计中的农村面源污染治理审计

财政转移支付制度是我国分税制财政体制的重要组成部分，反映了财权与事权相匹配的公共财政体系下中央和地方的关系。我国 1994 年实行分税制，1995 年制定了转移支付制度。财政转移支付包括一般性转移支付、专项转移支付两大类别。就环境保护方面而言，一般性转移支付是根据不同地区环境保护需要和各地政府的财政实力，将财政资金转移给地方的地区、民族区域、经济欠发达地区，地方可以统筹安排使用，以实现公民环境权的公平享有。而环境保护专项转移支付是上级政府为了实现特定的环境保护目标设立的专项环保资金，下级政府必须按照上级政府的规定专款专用，将资金用于环境保护基础设施、项目科研等方面。专项转移支付投入的重点会随着经济和社会发展的需要而变化，甚至因为发生特殊情况而增减，不像一般性转移支付那样稳定。2014 年，中央对地方专项转移支付中，节能环保支出总额决算数为 1688.29 亿元，其中农村环境保护资金 58.84 亿元，其他相关的面源污染治理资金还有江河湖泊治理与保护专项资金 70 亿元，节能专项资金 316.34 亿元，重金属污染防治 37 亿元。

财政转移支付审计是预算执行审计中的一个重要组成部分，由于其相对独立成体系，通常被视为单独的一个审计子项目，也向被审计单位出具单独的审计建议。财政转移支付的审计情况同时也成为预算执行情况和其他财政收支情况审计结果公告的组成部分。审计财政专项转移支付，主要审计其设置的合理性、拨付的及时性、使用的绩效性、管理的科学性等。目前，根据多年的审计结果来看，资金的及时性问题基本得到解决，但是在一般转移支付与专项转移支付的结构、项目设置的合理性、资金缺乏绩效考核等方面还是存在着问题。

2015 年 6 月 28 日，审计署发布的 2015 年第 24 号审计公告“中央部门单位 2014 年度预算执行情况和其他财政收支情况审计结果”，指出了环境保护部在参与分配中央专项转移支付资金中的环境保护资金方面存在的问题：“(1) 2012 年至 2014 年，中央环境保护专项资金存在支持领域过宽，部分项目与其他专项界限不清晰；分配方法多样，申报审批程序和绩效评价方法不统一；缺乏科学规划，项目安排随意性大；项目库中符合实施条件的项目储备不足以及未按规定编制年度专项资金申请指南等问题。(2) 2010 年至 2014 年，环境保护部未按规定办法分配中央重金属污染防治专项资金 64.9 亿元。(3) 2014 年，财政部、环境保护部在江河湖泊生态环境保护专项资金中安排14.89亿元用于‘国土江河综合整治试点’，但试点工作的内容、目标与江河湖泊生态环境保护专项不完全一致，现行江河湖泊生态环境保护专项资金管理办法及绩效考核办法也无法涵盖该试点工作。此外，江河湖泊生态环境保护专项支持的镜泊湖、查干湖治理项目治理效果不明显。”审计署同时提出了相应的整改措施。通过审计，揭示了专项资金设置不科学、分配不规范、目标不合理、效果不明显的问题，促进环境保护资金和面源污染治理资金科学有效地使用。

在建立现代财政制度、落实深化预算管理制度改革决定的要求下，2014年12月，国务院发布了关于改革和完善中央对地方转移支付制度的意见，在加强顶层设计、厘清中央和地方事权的基础上，逐步推进转移支付制度改革，形成以均衡地区间基本财力、由地方政府统筹安排使用的一般性转移支付为主体，一般性转移支付和专项转移支付相结合的转移支付制度，并提出了规范专项资金管理办法、规范资金分配、严格资金使用等要求。2015年10月，财政部印发了《中央对地方专项转移支付绩效目标管理暂行办法》的通知，规范了中央对地方专项转移支付绩效目标管理，提高财政资金使用效益，克服了之前对专项转移支付资金没有绩效管理和考核规定、资金拨付和使用缺乏明确约束流于形式的弊端。暂行办法要求财政部门和主管部门按照专项转移支付的涉及范围设立整体绩效目标、区域绩效目标和项目绩效目标；按照时效性设立实施期绩效目标和年度绩效目标；并进行具体的指导和管理。这些规定都对审计机关审计转移支付资金提出了新的要求。

就农村面源污染治理审计而言，一是在项目设立上要关注相关一般转移支付和专项转移支付的结构和比例是否符合国家的预算管理改革方向、面源污染治理资金项目设置是否符合政策目标，二是在使用环节是否按照项目范围投入和运用，三是财政部门和参与分配的中央部门是否按照规定设立了项目的绩效目标，是否有效地进行跟进的监督管理等。

（3）农业审计中的农村面源污染治理审计

农业审计是对农、林、水相关资金和项目进行的审计。农林水相关资金和项目中的一部分与农村面源污染治理相关。根据财政部的财政款项分类，两项与农村面源污染治理有关，一项是农林水支出（类）农业（款）农业资源保护修复与利用（项），是反映用于农业耕地保护、修复与建设，草原草场生态保护、改良、利用及建设，渔业水产及水生生物资源保护与利用等方面的支出，另一项是农林水支出（类）扶贫（款）农村基础设施建设（项），是反映用于农村贫困地区乡村道路、住房、基本农田、水利设施、人畜饮水、生态环境保护等生产生活条件改善方面的支出。通过在农业审计中实施对这些款项的审计，可以了解相关耕地、草原和农村人居环境等与农村面源带来的污染治理的情况，也是面源污染治理审计的一部分。

二、资源环境审计中的农村面源污染治理审计

（一）资源环境审计

相比农业审计，农村面源污染治理审计更多地通过资源环境审计得以实施。资源环境审计，是指为了服务生态文明建设和促进可持续发展，审计机关依法对政府及相关主管部门和相关企业、事业单位与资源环境有关的财政、财务收支及其相关管理活动的真实性、合法性和效益性，进行的审计监督。资源环境审计的目的在于促进资源环保资金征收、管理、分配、支出和使用的真实合规，促进资源环保相关项目建设运行的规范有效，促进资源环保政策法规制度的建立、健全、完善和有效执行，以及促进政府及相关主管部门和相关企业、事业单位资源环保监管职责的有效履行。在环境保护任务日益繁重、形势日益严峻的情形下，资源环境审计在审计机关的业务格局中一直占有十分重要的地位。省以上审计机关普遍开展了资源环境审计，资源环境审计领域也在逐步扩大，土地资源、水环境和林业工程审计已经开展得相对成熟。

同时，关于资源环境审计的审计规范也在逐步完善。2009 年，审计署发布《关于加强资源环境审计工作的意见》，对资源环境审计的指导思想、主要任务和发展目标进行了明确，规定了资源环境审计的重点和审计方式与方法。其中关于审计领域，明确要逐步扩大资源环境审计领域，逐步将审计范围从土地资源和水环境审计扩展到海洋资源、森林资源、矿产资源、大气污染防治、生态环境建设、土壤污染防治、固体废物和生物多样性等领域。2011 年，审计署在《审计署"十二五"审计工作发展规划》第九部分，专门规定了资源环境审计相关内容：资源环境审计的目标是促进贯彻落实节约资源和保护环境的基本国策，审计内容是检查国家资源环境政策法规贯彻落实、资金分配管理使用和资源环保工程项目的建设运营情况，维护资源环境安全，推动生态文明建设。相比 2009 年的规定，在审计范围方面更加明确：审计范围是土地、矿

产、淡水、海洋等重要资源保护与开发利用情况；水、大气、土壤、重金属、固体废弃物、核能利用等污染防治情况；森林、湿地、草原、生物等重点生态系统保护和防沙治沙、水土保持、防治沙漠化等生态治理工程建设实施情况；节能减排资金的分配、管理、使用和相关政策法规执行情况。2016年，审计署在《“十三五”国家审计工作发展规划》中进一步明确：依法对土地、矿产、水资源、森林、草原、海洋等国有自然资源，以及环境综合治理和生态保护修复等情况进行审计，加大对资源富集和毁损严重地区的审计力度，对重点国有资源、重大污染防治和生态系统保护项目实行审计全覆盖，推动加快生态文明建设。

在审计实践中，资源环境审计又分为资源审计和环境审计。资源审计主要包括资源开发、利用和保护及相关资金征管情况等方面的内容，如土地资源审计、矿产资源审计、能源节约利用审计、水资源保护审计、森林资源保护审计等。环境审计主要包括污染防治、监督、保护和改善环境及相关资金征管情况等方面的内容，如水污染防治审计、大气污染防治审计、固体废弃物污染防治审计、重金属污染防治审计、污染物减排审计等。

（二）资源环境审计中的农村面源污染治理审计

面源污染本质上属于环境问题，其治理款项也多在节能环保支出（类）中设置。如直接用于农村面源污染治理的农村环境保护（项），在财政预算开支类别中直接属于节能环保支出（类）。其他还有多个专项支出，如水流域污染治理资金、节能减排资金、环境整治资金等，都可能涉及农村面源污染治理。对于这些资金和相关项目的审计，在审计类别中归属于资源环境审计，因而，农村面源污染治理审计更多地通过资源环境审计实施。

与农村面源污染治理有关的审计，在资源审计中涉及不多，主要集中在环境审计中，水污染防治审计、固体废弃物污染防治审计、重金属污染防治审计、污染物减排审计，其中都包含了农村面源污染治理的审计活动，具体例如村庄环境整治工程绩效审计、水污染治理情况跟踪审计、节能减排审计等审计项目。在地方层面，江苏省和浙江省连续开展的农村面源污染防治审计和清洁生产审计，是探索农村面源污染治理审计的典型实践。

环境审计从总体来看，均重点关注资金、政策、管理、项目四个方面的内容。针对农村面源污染治理审计，审计重点关注：①农村面源污染治理财政资金和环境专项资金、基金的管理、分配支出和使用的真实性、合规性、效益性；②农村面源污染治理环境政策执行情况，包括相关政策执行是否到位、政策目标是否实现等；③政府及相关主管部门和相关企业、事业单位履行资源管理和环境保护管理、监督、服务责任情况及其成效；④农村面源污染治理重大环境保护项目建设运行情况，包括项目立项、投资、建设、管理和运行效果等。

审计机关开展的与农村面源污染治理有关的典型审计项目包括：审计署2008年对“三河三湖”（辽河、海河、淮河、太湖、巢湖、滇池）2001至2007年水污染防治绩效情况的审计调查、江苏省审计厅连续6年进行的太湖水污染治理专项审计、审计署2012年进行的10个省（自治区）2012年节能减排专项资金审计等审计项目。2008年的“三河三湖”水污染防治绩效审计调查方案，针对污染源控制不全面、村镇和农业面源污染控制不力的问题，要求审计调查要充分利用专家的工作和专业部门资料，全面调查并摸清“三河三湖”的主要污染源情况，特别关注农业面源污染问题及其控制和治理情况。在该审计项目的审计结果公告中，审计披露了农村面源污染治理存在的问题：“部分地方农业和农村面源污染治理工作薄弱，城镇污水、污泥和垃圾处理不完全到位，有的地方种植业过量施用化肥和农药，养殖业污染物环保处理率低；有的地方生活污水未经处理或仅经简易处理就对外排放，污水处理厂出水水质不达标、污泥和垃圾渗滤液未妥善处置，造成二次污染。”2012年进行的节能减排专项资金审计重点包括农村面源污染防治项目，要求抽查农村环境连片整治示范等项目，关注规模化畜禽养殖污染是否得到控制，农村污水处理设施有无正常运行，是否加强农业污染监测能力建设，有无影响农村饮用水和食品安全等方面涉及民生的重大问题。审计报告（审计署，2013）披露：在违规申请获得和违规使用节能减排专项资金问题方面，江苏省新沂市区域水环境综合整治项目的项目单位将用于区域水环境综合整治的中央财政三河三湖补助资金900万元作为保证金，取得银行承兑汇票用于新沂市其他市政建设项目；广西壮族自治区南丹县项目主管部门挪用2010年中央财政重金属污染防治专项资金144万元，用于预缴南丹县大厂镇刁江源绿荫塘至丰和洞污染治理工程等7个尚未开工的重金属污染治理项目的营业税及附加等税费；吉林省通化县农村环境连片整治项目，通化县财政部门将农村环境连片整治专项资金3475.57万元，用于该县人员工资等方面支出。这些问题事后得到了整改纠正。

三、经济责任审计中的农村面源污染治理审计

（一）经济责任审计

所谓经济责任，是指领导干部在任职期间因其所任职务，依法对本地区、本部门（系统）、本单位的财政收支、财务收支以及有关经济活动应当履行的职责、义务。经济责任审计，即是指审计机关依法依规对党政主要领导干部和国有企业领导人员经济责任履行情况进行监督、评价和鉴证的行为。

经济责任审计并非我国现代审计独有的审计类型，在我国古代就有皇帝派专职人员对官员任职的业绩进行考核的审计，在意大利等审计机关采用审计法院形式的国家，也有审计法院可以对政府有关责任人员进行审计并做出处罚决定的规定。如意大利 1934 年 1214 号敕令第三十三条，规定了审计法院的司法审判职责，即审计法庭除履行正常的职责外，还有权对掌管国家资金和物资的官员或代理进行直接审计；第五十二条规定，凡是由于工作疏忽给国家或单位的财产造成损失的官员、雇员和责任人，都必须依照有关国家财产管理法和会计法及其他有关法律接受审计法院的裁决，审计法院在确定了个人应承担的责任后，可以判定责任人承担部分或全部损失（审计署科研所，2004）。

2010 年 12 月，中共中央办公厅、国务院办公厅印发了《党政主要领导干部和国有企业领导人员经济责任审计规定》，标志着我国的经济责任审计进入了一个更加规范化、法制化和高层次的时期，经济责任审计扩展至省部级领导干部。该规定指出，在经济责任审计中，应当关注领导干部遵守有关经济法律法规、贯彻执行党和国家有关经济工作的方针政策和决策部署情况；制定和执行重大经济决策情况；与领导干部履行经济责任有关的管理、决策等活动的经济效益、社会效益和环境效益情况。2014 年 10 月的《中共中央关于全面推进依法治国若干重大问题的决定》要求：完善审计制度，保障依法独立行使审计监督权，对公共资金、国有资产、国有资源和领导干部履行经济责任情况实行审计全覆盖。

（二）经济责任审计中的农村面源污染治理审计

环境保护法规政策是重要的国家法律政策，因而领导干部贯彻执行国家环境保护等政策情况是审计的必要内容。特别是对于资源环保系统的相关领导干部，环境政策执行、环境决策制定、环境资金使用更是经济责任审计的核心内容。一些省份已经将环境治理责任列入地方经济责任审计规定之中，如 2011 年

出台的《某某省党政主要领导干部和国有企业领导人员经济责任审计办法》，将“环境治理及环境改善情况”明确列为县（市、区）、乡（镇、街道）党政主要领导干部经济责任审计的重点内容之一。2014 年 10 月 9 日国务院出台《关于加强审计工作的意见》，再次强调深化领导干部经济责任审计，依法依纪反映不作为、慢作为、乱作为问题，促进健全责任追究和问责机制。在审计方法上，领导干部履行职责涉及到的资金、资源和资产，通常成为审计的切入点。

（三）领导干部自然资源资产离任审计中的农村面源污染治理审计

中国共产党第十八届三中全会决定提出：要对领导干部实行自然资源资产离任审计，并建立生态环境损害责任终身追究制。自然资源资产，主要指环境资源、生物资源、土地资源、矿产资源和水资源。开展领导干部自然资源资产离任审计，是审计机关落实党的十八大和十八届三中全会精神、促进生态文明建设的重要举措，是树立正确政绩观、监督制约权力和完善国家治理的现实需要。

领导干部自然资源资产离任审计，从审计对象看与环境审计存在着很多重合，但是从本质上看，应当是经济责任审计，是超过一般经济责任的、包含环境责任的更为广泛的经济责任审计。因为审计的目的不仅要摸清事实、揭示问题，更直接的目的是对领导干部的相关自然资源资产责任进行评价，并依法开展问责，促进领导干部科学履职，并为加强干部管理任用提供依据。

按照 2014 年《国务院关于加强审计工作的意见》中关于“加强对土地、矿产等自然资源，以及大气、水、固体废物等污染治理和环境保护情况的审计，探索实行自然资源资产离任审计”的要求，地方审计机关已经开展了一系列的领导干部自然资源资产离任审计的试点工作。据《法制晚报》（法制晚报，2014 年 11 月 13 日）报道，2014 年以来，至少有内蒙古、湖南、陕西、湖北、四川、广东、福建、山东、云南、江苏 10 个省份在下辖县市开展了领导干部自然资源资产离任审计试点。领导干部自然资源资产离任审计是包括一系列自然资源资产在内的广泛的综合的审计活动，在审计中，村庄环境整治、畜禽规模养殖粪便综合利用情况、土地受污染面积等都成为审计的具体内容。如 JS 省 Ha 县的离任审计试点报告，对该县的农村面源污染治理评价方面，审计结果认为（某领导干部）“强力推进农村污染整治，农村环境显著改善”，具体情况包括：以扩大规模养殖、强化蓄粪池建设、推广新型超高效农药、增施有机肥等工作为抓手，大力推进农村面源污染防治工作，成功创建国家生态县……同时，作为全省首批 16 个农村环境连片整治示范片区之一，2011 年至 2013 年通过实施农村垃圾收集运输体系工程和农民集中居住区生活污水收集处理工程，有效改善了农村环境卫生状况，减少污染。但是审计报告也指出了存在的“农村面源污染防治工作尚有提升空间”的不足。

2015 年 10 月，中共中央办公厅、国务院办公厅印发的《开展领导干部自然资源资产离任审计试点方案》，是这一试点工作正式开始的标志。随后，安徽、云南等多地以省（自治区、直辖市）党委、政府的名义出台了具体的实施方案，多个省级审计厅开展了审计试点。审计署也进行了审计试点，并于 2016 年 11 月，发布了加快推进领导干部自然资源资产离任审计工作的通知。2017 年 11 月，中共中央办公厅、国务院办公厅印发了《领导干部自然资源资产离任审计规定（试行）》，对领导干部自然资源资产离任审计工作提出具体要求。开展领导干部自然资源资产离任审计，主要审计领导干部贯彻执行中央生态文明建设方针政策和决策部署情况，遵守自然资源资产管理和生态环境保护法律法规情况，自然资源资产管理和生态环境保护重大决策情况，完成自然资源资产管理和生态环境保护目标情况，履行自然资源资产管理和生态环境保护监督责任情况，组织自然资源资产和生态环境保护相关资金征管用和项目建设运行情况，以及履行其他相关责任情况。这一规定，标志着一项全新的、经常性的审计制度正式建立，2018 年起由审计试点进入到全面推开阶段。

尽管领导干部自然资源资产离任审计是一个独立的审计项目，但是在审计实务中，这一审计项目是和领导干部经济责任审计或者资源环境审计结合进行的。由于领导干部自然资源资产离任审计与领导干部经济责任审计具有更高度的相关性，因而通常采用同步审计的模式，领导干部自然资源资产离任审计与领导干部离任经济责任审计结合进行。

四、政策措施落实审计中的农村面源污染治理审计

（一）政策措施落实审计

政策措施落实审计作为独立的一个审计项目，始于 2014 年 8 月份的对中央稳增长、促改革、调结构、惠民生的政策措施落实情况进行的跟踪审计。十八届三中全会对全面深化改革做出了总体部署，党中央和国务院陆续出台了一系列稳增长、促改革、调结构、惠民生、防风险的政策措施。在我国经济面临结构调整、存在下行风险的深化改革攻坚期，根据国务院部署，审计署开始了专

项的、持续的稳增长等政策措施落实情况审计，重点关注各地区、各部门的政策具体部署、执行进度、实际效果等情况，特别是重大项目落地、重点资金保障，以及简政放权推进情况（新华社，2014）。同时，每个季度（其中2014年5月至10月是每个月）向社会进行审计结果公告。

2014年10月9日：国务院发布的关于加强审计工作的意见，要求推动政策措施贯彻落实，持续组织对国家重大政策措施和宏观调控部署落实情况实行跟踪审计，着力监督检查各地区、各部门落实稳增长、促改革、调结构、惠民生、防风险等政策措施的具体部署、执行进度、实际效果等情况，特别是重大项目落地、重点资金保障，以及简政放权推进情况，促进政策落地生根和不断完善。这一规定，凸显了政策措施落实情况在当前新常态下的重要地位，促使政策措施执行情况审计，从附属在其他审计项目中，到成为独立的、并且将持续进行的审计项目，当前已经成为审计机关每年度首要的、常规持续的审计活动。

根据审计署2015年印发的《国家重大政策措施和宏观调控部署落实情况跟踪审计实施意见（试行）》，政策措施落实跟踪审计的内容主要有：贯彻落实的总体情况，政策落实过程中的建设进度、资金使用、政策执行、简政放权等情况和存在的主要问题，要揭示问题产生的原因、提出建议并督促整改，同时不仅要发现问题，也要反映好的经验和做法。

虽然政策措施落实情况审计作为独立审计项目单独立项，但是并不排除在其他审计项目中依然关注政策执行情况并就此发布审计报告。各个审计机关在财政、金融、企业、资源环保、投资、经济责任等各审计项目中，仍然要关注国家重大政策措施和宏观调控部署落实情况，并将审计发现的问题纳入跟踪审计报告。

（二）政策措施落实审计中的农村面源污染治理审计

环境政策是我国重大政策的组成部分，农村面源污染治理政策包含在环境政策之中，其资金拨付与使用、项目建设进度、有关简政放权情况、治理政策总体落实情况，成为政策措施落实审计的必然内容。

2015年审计署第30号公告（审计署，2015），将财政部和环境保护部备案审查工作未能及时完成、导致中央农村环境综合整治资金预算60亿元闲置未用，作为简政放权方面存在的问题进行了披露。2015年第32号公告《2015年10月稳增长促改革调结构惠民生防风险政策措施贯彻落实跟踪审计结果》披露，滇池流域水污染防治项目实施进度慢，难以按计划完成。审计报告指出：2012年4月，国务院批复了《重点流域水污染防治规划（2011—2015年）》，其中包含滇池流域水污染防治规划涉及的5大类101个项目建设。2012年9月，云南省人民政府与昆明市人民政府签订目标责任书，要求到2015年底，规划涉及的项目开工率应达到100%、完工率达95%以上。但是截至2015年10月底，上述项目实际完工55个，完工率54.46%。

五、各种审计中的农村面源污染治理审计比较

农村面源污染治理审计通过财政审计、环境审计、经济责任审计和政策措施落实审计中的有关具体审计项目得以实现。尽管这些审计项目都可以对农村面源污染治理相关情况进行审计，但是由于这些审计类型本身存在着重点和目标的差异，也使不同审计类型中的农村面源污染治理审计在审计重点、审计内容、审计目标、审计频次方面存在差异。

在预算执行审计中，审计机关是按照财政年度、根据政府部门格局，常规例行进行审计活动的，审计对象是纳入预算管理的资金，因而对农村面源污染治理审计重点在于部门预算资金的总体结构、比例和增长趋势与环境治理需要的匹配程度，审计按年度固定进行。

财政转移支付审计是内含在预算执行审计中而又相对独立的审计项目，其审计内容相对多样复杂，包括转移支付设置的合理性、拨付的及时性、使用的绩效性、管理的科学性等。在审计实践中，可以从横向的转移支付项目设置、资金分配、款项拨付、绩效管理各方面进行审计，也可以追踪某个转移支付项目从纵向的资金下拨、资金使用、资金监管、资金效益进行审计。农村面源污染治理转移支付资金审计多是按照横向内容进行审计的，根据需要，也可以针对诸如农村环境保护资金、江河湖泊生态环境保护专项资金等进行每年的纵向审计。

农业审计和资源环境审计都是专业审计，在审计重点方面具有类似性，审计内容都是合法合规性和效益性，所不同的是审计具体对象是不同的专业资金或者项目资金。只是由于农村面源污染治理资金分别存在于有关农业专项资金和资源环境专项资金之中，才需要通过这两种专业审计进行。

经济责任审计内容广泛，法规政策遵守和执行情况、决策程序、资金使用、项目运行、管理水平、下属单位遵纪守法情况等，凡是领导干部应当履职尽职的经济活动，都是审计的内容。经济责任审计与其他审计相比，独特之处在于它是以“人”为直接审计对象，对“人”做出审计结论和评价。对有农村环境治理和保护责任的领导干部进行的经济责任审计，其内容包括农村环境政策的执行程度

和效果、环境治理项目的投资和进度、存在的问题等。

而政策措施落实审计重在对政策的落地实施情况进行审计，即从最先一公里到最后一公里中各个部门和环节的责任落实情况。从审计视野的角度来说，政策措施落实审计最具有综合性、广泛性和动态性，审计署 2014 年制定的审计工作方案，确定有 19 个方面 63 项政策措施落实情况要进行审计。不仅审计资金、项目、部门，还审计人员、行动、效果；不仅审计政策措施当年的落实情况，而且跟踪审计政策措施连续动态的落实进展情况；不仅最终促使政策落地达到预期的政策效果，而且通过审计建议推动政策措施的改进和完善。在一定程度上，政策措施落实审计是所有审计项目的统领，以此为主线部署审计活动，是新常态下政府审计新的思维方式和业务格局。在政策措施落实审计中，农村面源污染治理的资金使用、项目进度、部门职责、政策效果等成为审计的主要内容。

表 4　各种审计中的农村面源污染治理审计比较

Table 4 The compare of all kinds of auditing in rural nonpoint source pollution governance

审计类型	审计对象	审计目标	审计重点	审计频次
预算执行审计	环保部门、农业部门、财政部门的农村环境保护资金预算、污染治理资金预算。	促进农村面源污染预算资金安排的科学性与合理性。	农村面源污染治理资金的预算分配数和增长情况是否合理，是否符合民生和环境的需要。	每年度审计一次。
财政转移支付审计	环保部门、农业部门农村面源污染治理财政转移支付资金。	促进农村面源污染治理专项设置合理、资金及时拨付、项目取得实效。	农村面源污染治理项目设置、资金分配、款项拨付、绩效管理。	每年度审计一次。
农业审计	农业部门农村面源污染治理资金和项目。	促进农村面源污染治理资金合规使用，达到效果，惩治违法犯罪。	农村面源污染治理资金使用的合法合规性和项目的效益性。	根据需要不定期进行审计。
资源环境审计	环保部门农村面源污染治理资金和项目。	促进农村面源污染治理资金合规使用，达到效果，惩治违法犯罪。	农村面源污染治理资金使用的合法合规性和项目的效益性。	根据需要不定期进行审计。
领导干部经济责任审计	与农村环境治理责任有关的领导干部	评价领导干部环境责任，加强领导干部的农村面源污染治理责任追究和问责。	农村面源污染治理政策的贯彻执行，资金使用的合法合规性，农村面源污染治理的绩效。	每年度安排审计部分领导干部。
政策措施落实审计	各地区各部门执行的农村面源污染治理相关政策。	发现问题和好的经验与做法，督促重大政策措施贯彻落实。	贯彻落实农村面源污染治理政策的总体情况，项目建设进度、资金使用、有关简政放权等情况	每年度全年进行审计

第二节　我国农村面源污染治理审计实施的组织方式

一、审计组织方式

审计组织方式是指实施审计活动的各个审计资源要素组成及其相互关系。所谓审计资源，是指审计机关在履行审计职责过程中所能利用的一切资源要素，是审计工作取得成果的基础，是审计人员、审计项目、审计方法、审计手段、审计法规、审计成果、审计信息、审计环境等有形和无形资源要素的集合体（常颖，2007）。随着财政资金、公共资金总量的不断加大，随着政府面对的外部形势越来越严峻和任务越来越重大，随着社会公众对政府和政府审计的期望日益增长，以及审计对象越来越复杂化，政府审计正在面临着审计任务和审计风险的双重压力。在《中共中央关于全面推进依法治国若干重大问题的决定》中，提出要强化对行政权力的制约和监督，将审计监督与党内监督、人大监督、民主监督、行政监督、司法监督、社会监督、舆论监督同时列为八项监督制度，指出要努力形成科学有效的权力运行制约和监督体系，增强监督合力和实效。要完善审计制度，要对公共资金、国有资产、国有资源和领导干部履行经济责任情况实行审计全覆盖。在审计责任加大的同时，一定时期之内，政府审计拥有的审计资源是有限的。政府审计是政府的行政机构，其资源主要来自财政预算，财政预算不仅总额有限，而且不同开支的比例结构也是受到法律法规严格限制的。面对审计监督全覆盖要求下履行职责和审计资源约束的矛盾，如何科学有效地实施审计，对审计项目进行审计资源要素组合和提升审计效率，是审计机关近几年一直注重的实践问题。

（一）审计机关的业务机构设置

我国政府审计机关是一个政府部门，属于政府组成序列。适应我国政府体系的设置，我国政府审计是一个系统化的组织体制，机构设置多元化、多级化，形成了与我国中央政府和地方政府关系、与中央财政资金分配格局相适应的审计机关业务机构设置。我国审计机关的业务机构，基本按照四个维度设置，即按专业、按部委、按地域、按层级。

1. 按专业。我国政府审计机关在审计发展过程中，逐步形成了以专业审计为基础的政府审计分工模式，一个最重要的标志就是在我国各级政府审计机关中，都是以专业审计作为审计机构内部职能处室设计的，如审计署机关设立财政审计司、行政政法审计司、税收征管审计司、金融审计司、固定资产投资审计司、企业审计司、农业审计司、资源环境审计司等业务职能司。这种以专业化分工为基础设置审计机关内部业务职能部门的审计监督模式，能够较好地利用各专业知识的优越性，提高审计查处问题的深度和审计效率，促进相关专业审计知识的传播和经验的交流（王会金，2014）。

2. 按部门。审计署设置 20 个派出审计局，每个派出审计局审计一个或几个国务院部门、国务院直属事业单位及其在京下属单位的财务收支。如农林水利派出审计局主要审计农业部、水利部、国家林业局、国务院三峡工程建设委员会办公室、国务院南水北调工程建设委员会办公室、国务院扶贫开发领导小组办公室。被审计单位需为派出审计机构提供必要的、长期使用的办公用房和其他办公设施。这种审计机关机构设置与财政部拨付各个国家部委运行资金并通过各个国家部委分配财政资金的体制相匹配，为按照归口部门进行政府审计提供了组织对口路径。

3. 按地域。一方面，大量的中央财政资金通过多种方式下拨到各地方政府和地方政府部门，形成了中央财政资金在地方的运用，另一方面，我国地域辽阔、各地区经济社会发展差异较大。为了加强对重点地区的审计监督，审计署跨地区设置 18 个审计特派员办事处。根据审计署的授权和安排，特派员办事处审计省级财政预算执行情况和决算；参加国有重点大型企业、国家重点建设项目和其他国有企业、国家建设项目的审计监督等。这种机构设置是和我国中央与地方财政实行分税制和财政转移支付制度、与国有企业占国民经济重要组成部分相适应的。

4. 按层级。按照宪法规定，县级以上的地方各级人民政府设立审计机关。地方各级审计机关依照法律规定独立行使审计监督权，对本级人民政府和上一级审计机关负责。同时，上一级审计机关对下一级审计机关具有领导职责，地方各级审计机关对上一级审计机关报告工作。2014 年 10 月，十八届四中全会提出强化上级审计机关对下级审计机关的领导，探索省以下地方审计机关人财物统一管理。审计署已经开展了七个地方的省以下地方审计机关人财物统一管理试点。

根据这样的四个设置维度，审计机关已经形成了以审计署机关各专业职能部门为总部统领、各部委派出审计局和各地方特派员办事处分别按照既定部门范围和地域范围现场实施审计项目的审计组织方式。同时，地方审计机关独立实施审计项目、接受上一级审计机关的业务指导并报告工作。审计机关业务机构设置如图5所示。随着异地交叉审计的增加，派出审计机关也会承担一些管辖地域之外的审计项目，以提高审计的独立性，提升审计效果（刘铮，2013）。

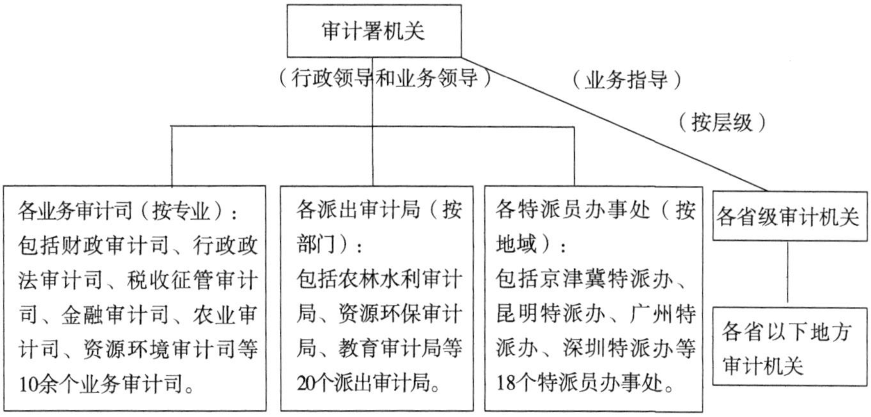

图5 我国审计机关的业务机构设置

Figure5 The set of operation organization at auditing organ in China

（二）适应审计项目要求开发新型审计组织方式

随着审计项目越来越大型化复合化，一个审计项目可能包含多种专业知识、多个管理层级、多片行政区域、多重审计目标，这种专业对口式的传统审计分工已经不能适应新时期审计的要求了。在政府审计内部应鼓励采用弹性组织结构或多元性组织结构或虚拟组织，以替代拥有永久权力的传统机构（周中胜，2009）。审计机关在实践中开发了多种新型的审计项目组织方式，构建扁平化、弹性化和网络化的项目组织结构。例如，对于大型国家工程的综合审计应采取战略协作的方式，将工程综合审计的全过程分解，引入内部审计和社会审计作为协作主体，形成三方共同审计的新模式（熊亚明、程书萍，2010）。审计署在2014年开展的全国土地出让收支和耕地保护审计项目中，组织全国审计机关混合编组，审计实施中力求扁平化管理，审计署和地方审计机关人力资源充分融合，有效发挥审计监督的最大合力（审计署兰州特派办理论研究会课题组，2015）。审计项目的新型组织方式充分反映了管理学在政府审计中的运用。

二、农村面源污染治理审计实施的组织方式

农村面源污染主要来源于农业生产和农村生活，以多种污染形式存在，如化肥农药污染、农膜污染、禽畜粪便污染、水产养殖污染、生活垃圾和污水污染、秸秆焚烧污染等，农村面源污染治理的政府责任分属不同政府部门，涉及多种资金拨款和多个项目安排，因而农村面源污染治理审计的具体实施，就存在多种审计组织方式。

（一）农村面源污染治理的单一式审计

是指按照既定的审计机关机构设置，按专业、或者部门、或者地域、或者层级单独开展审计，不突破既有的机构边界。如每年由审计署农业审计司统领、农林水利派出审计局实施审计农业部的农业资源保护修复与利用资金、农村基础设施建设资金预算执行审计（如图 6）；每年由审计署资源环境审计司组织、资源环保派出审计局实施审计环境保护部的农村环境保护资金、减排专项支出资金预算执行审计（如图 7）；2012 年审计署 10 个特派办分别审计所管辖地域内的节能减排专项资金，如广州特派员办事处审计广东省 2012 年节能减排专项资金（如图 8）；各地方审计机关分别开展管辖地域内的农村面源污染治理审计项目（如图 9），如江苏省审计厅连续开展的太湖流域水污染专项审计。

图 6　单一式方式下农林水利派出审计局实施的农村面源污染治理审计

Figure The rural nonpoint source pollution governance auditing implemented by agriculture dispatch branch in the simplex way

图 7　单一式方式下资源环保派出审计局实施的农村面源污染治理审计

Figure7 The rural nonpoint source pollution governance auditing implemented by resource and environmental protection dispatch branch in the simplex way

图 8　单一式方式下广州特派员办事处实施的广东省农村面源污染治理审计
Figure8 The rural nonpoint source pollution governance auditing implemented by Guangzhou dispatch branch in the simplex way

图 9　单一式方式下地方审计机关实施的地方农村面源污染治理审计
Figure9 The rural nonpoint source pollution governance auditing implemented by local auditing organ in the simplex way

农村面源污染治理的单一式审计方式，管理层次清晰，各方职责分明，信息沟通顺畅，行事简洁高效，是传统的基本的审计方式。适用于资金性质单纯、资金涉及关系简单的农村面源污染治理审计。

（二）农村面源污染治理的合作式审计

随着诸如全国地方政府性债务审计、稳增长促改革调结构惠民生防风险政策措施贯彻落实跟踪审计、全国社会保障资金审计等全国大型审计项目的连续开展，传统的单一式审计方式已经不能适应这种跨专业、跨部门、跨地域、跨层级审计的需要了，合作式审计逐渐成为全国大型审计项目的实施方式。合作式审计不再是单一线条的审计运行，而是多个审计机构跨越专业、部门、地域、层级界限联合实施的多线条的审计组织方式。

2008 年，审计署开展了辽河、海河、淮河、巢湖、太湖和滇池（简称“三河三湖”）水污染防治效益专项审计调查，其效益评价内容之一，是在污染源控制不全面，村镇和农业面源污染控制不力的背景下，利用专家工作和专业部门资料，全面调查并摸清“三河三湖”的主要污染源的情况，特别关注农业面源污染问题及其控制和治理情况，以及水污染防治管理体制和政策方面存在的问题。这次审计，采用合作审计的方式，由审计署外资运用审计司统一组织实施，各个特派办参加。审计署外资运用审计司还负责此次审计调查工作的组织协调工作，以及对国家环保总局、水利部、建设部和财政部等相关部委进行审计调查，并参加部分河湖的具体审计调查工作；各个特派办打破地域界限，按照河流或湖泊的流域范围大小，若干特派办合作审计某一河流或者湖泊。如海河由京津冀特派办等 7 个特派办分别审计海河流域不同省份的水污染防治效益情况（如图 10）。同时，由于污染治理的专业性，还有环保总局派遣和审计署聘请的专家参与审计工作。

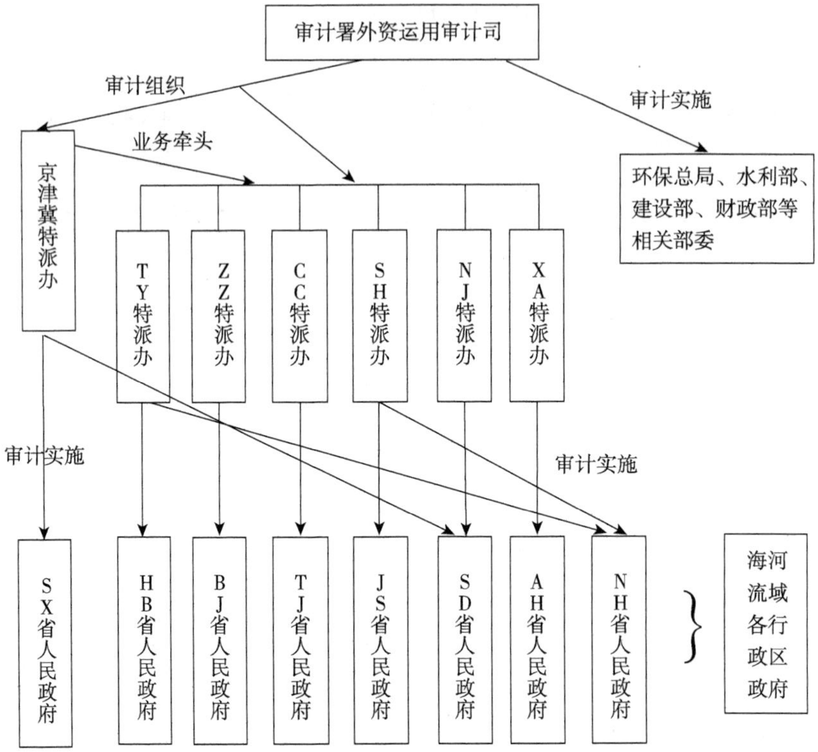

图 10　合作式审计方式下审计机构跨专业跨部门跨地域水污染治理审计

Figure10 The water pollution governance auditing implemented by auditing organ in the cooperation way cut across professions，departments and districts

2009 年，审计署组织和指导黑龙江、吉林、广东、广西、江苏、浙江六省区审计机关，对松花江、珠江和太湖（简称“两江一湖”）流域水污染防治情况开展了专项审计调查。审计打破层级界限和各省级审计机关的地域界限，是审计署在水环境审计领域组织地方审计机关开展合作的首次尝试，由审计署农业与资源环保审计司部署和组织，六省区审计厅及其 137 个市县审计机关具体实施，共有 609 名审计人员参加，历时半年完成。共审计调查单位 1355 个，审计调查资金总额 220.03 亿元，查出违法违规及管理规范问题金额 23.96 亿元，占审计调查资金总额的 10.89%。以广东省审计厅为例，根据《广东省珠江水环境综合整治方案》，广东省审计厅和广西壮族自治区审计厅将珠江工业污染防治、生活污水处理、禽畜养殖业与农村面源污染控制、河段综合整治工程四个方面（广东省审计厅、广西壮族自治区审计厅，2010）进行整治的情况，采取量化绩效评价、运用风险控制等方法开展审计调查。这次审计中，审计署已经不是常态的业务指导，而是突破审计行政层级关系，直接部署和组织地方审计机关，各地方审计机关也突破彼此原有的行政区划隔离，实现上下合作和同级合作，是我国环境审计组织方式的重要突破（如图 11）。

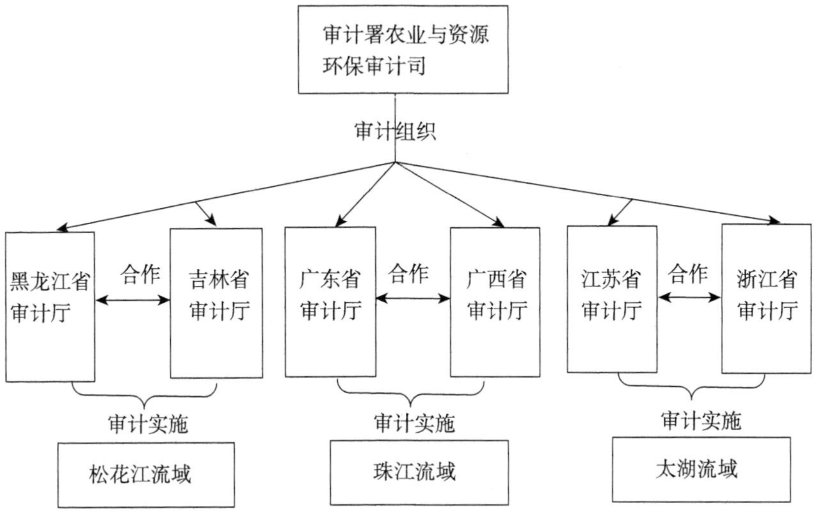

图 11　合作式审计方式下审计机构跨层级跨地域水污染治理审计

Figure11 The water pollution governance auditing implemented by auditing organ in the cooperation way cut across levels and districts

合作式审计方式不再是单一的管理，而是多线条的复合式管理，打破原有的横向和纵向科层隔离，通常采用扁平化的组织结构，上下左右沟通协调，统一指挥统一管理统一方案统一报告，不仅有利于提高审计效率，而且能为政府提供包括农村面源污染治理在内的环境治理整体状况，推动环境问题的统一筹划综合整治。

环境合作审计模式是近些年来欧洲一些国家审计机关为解决跨国界同一流域水污染或资源利用等问题，而采取的审计组织方式。最高审计机关国际组织 2001 年发布的《从环境视角进行审计活动的指南》（ISSAI-5110）第 1.9 条指出："环境审计的性质要求审计人员之间加强协作。根据需要，可对特定事项进行协作、合作或共同审计。”我国地域辽阔，水系众多，水流域涉及多个省份，合作式审计是适合的审计项目组织形式选择。我国政府审计在组织体制上具有上下级的垂直关系，在管理学中，这种管理方法被称为管理的行政方法，上级行政组织可以依靠权威直接指挥下属的工作，具有权威性、强制性、稳定性等特点，有利于组织内部统一目标，各部门密切配合和协调，发挥管理职能，有效而迅速地进行组织的活动，最大限度地减少合作的交易费用。

（三）农村面源污染治理的并入式审计

并入式审计是指不单独进行包含农村面源污染治理的审计活动，而是在其他专项审计活动中关注资源环境内容，发现问题予以揭示和查处。全面实施资源环境审计多元化，是审计机关加强环境审计的一个趋势。审计署着力构建资源环境并入式审计的工作格局，要求各地审计机关在开展财政、投资、金融、企业、外资、经济责任等项目审计时，积极关注资源环境内容。

2009 审计署发布《关于加强资源环境审计工作的意见》，明确要求各级审计机关要围绕资源环境审计工作重点，构建资源环境审计与其他专业审计相结合的整体工作格局。财政审计要关注各级政府制定、执行资源环保政策制度和筹集、分配、管理和使用资源环保财政资金的情况；投资审计要关注国家重点建设项目是否严格执行国家环保产业政策，揭露其建设项目违反国家投资产业政策、环境保护措施不到位、浪费资源、污染环境和破坏生态等问题；企业审计要关注企业执行国家资源环保政策法规情况和环境保护资金投入与使用效果，以及其污染防治设施建设与运行效果；经济责任审计要关注领导人履行资源管理和生态环境保护职责、尤其是完成节能减排目标、耕地特别是基本农田保护责任目标的情况（张晓松、聂妍婧，2009）。

审计实践中，并入式审计已经成为农村面源污染治理审计的常用组织方式。如审计署企业司在组织开展预算执行情况审计和国有企业领导人员经济责任审计时，重视资源环境审计工作，检查企业节能减排与环境保护等专项资金筹集、使用、管理情况及效果，审计发现了被审计单位落实国家资源环保政策不到位、资源环保资金管理使用不合规的问题。湖南省审计厅在三农资金审计中嵌入环保审计内容，统筹安排力量；广西壮族自治区审计机关 2013 年在 150 个非资源环境审计项目中关注、揭示了资源环境方面的情况和问题，查出有关问题金额 34.85 亿元。

第三节　农村面源污染治理审计的内容

我国政府审计的内容，通常无论什么类型的审计，都可以归为两个方面，即合法合规性和效益性。我国《审计法》第二条规定：审计机关对……财政收支或者财务收支的真实、合法和效益，依法进行审计监督。审计实践中通常称为合法合规性和效益性，我国政府审计以此标准通常分为合法合规性审计和绩效审计。事实上，检查财政收支的合法合规性，以及经济活动的效率性，是包括美国、英国、日本、德国、印度等绝大多数国家审计机关的职责，只不过各国审计制度和审计法律规范有所差异，使得这两种审计在不同国家的开展程度有所差异。最高审计机关国际组织 1977 年通过的《利马宣言——关于审计核心原则的指南》指出："最高审计机关的传统工作是审计财务管理与会计账目的合法性和合规性。除了这类依然保有重要性的审计之外，还有另一种同样重要的审计——绩效审计——着重检查公共管理的绩效、经济性、效率和效果……最高审计机关的审计目标——财务管理的合法性、合规性、经济性、效率和效果——这些基本上是同等重要的，最高审计机关根据具体情况来决定重点优先。"农村面源污染治理审计的内容，同样也包括合法合规性和绩效性。

就审计中合法合规性和绩效性二者的比例而言，我国的审计通常倾向于合法合规性审计，大多数审计项目的审计重点都是资金、项目、工程、活动和履职的合法合规性。绩效审计在我国开展还不够充分，而且通常是和合法合规性审计共同进行的，很少有专门的绩效审计，这与我国的审计所处的社会发展阶段密切相关。

一、农村面源污染治理审计的合法合规性审计

（一）我国农村面源污染治理审计的合法合规性审计

即农村面源污染治理过程中资金管理使用、项目建设中的合法合规情况。如水污染防治资金、农村环境保护资金管理和使用过程中有无挤占挪用、隐瞒收入、截留私分、损失浪费和国有资产流失等违法违规问题；节能减排工程项目有无编造虚假资料申请获得专项资金、施工偷工减料、不按规定招投标、工程监督管理不到位等情况；监管部门和地方政府职责履行有无不到位、虚报瞒报、违规审批、执法不严处罚不力、治污责任不落实和其他不履行环境保护职

责的问题等。从审计结果看，这类合法合规性问题在农村面源污染治理中仍然普遍地存在。

2009 年 10 月审计署发布的《“三河三湖”水污染防治绩效审计调查结果》显示：2001 年至 2007 年，中央和地方各级政府共投入 910 亿元财政性资金及国内银行贷款，用于“三河三湖”流域城镇环保基础设施、生态建设及综合整治等 7 大类共 8201 个水污染防治项目建设，涉及水污染防治资金管理和使用不规范的共计 49.74 亿元，分别是挪用和虚报多领水污染防治资金 5.15 亿元；少征、挪用和截留污水处理费及排污费 36.53 亿元；水污染防治项目资产闲置涉及金额 8.06 亿元，资金管理和使用不规范金额占全部投入的 5.46%。2013 年 5 月 17 日审计署发布的《10 个省 1139 个节能减排项目审计结果》显示，中央和 10 个省级财政两年共投入节能减排资金 848.04 亿元、涉及 17111 家单位，在审计重点抽查的 846 家单位（企业）实施的节能减排项目、中央和省级财政投入的 233.25 亿元中，35 家主管部门和项目实施单位违规管理使用专项资金 2.7 亿元，占审计资金量的 1.16%。

（二）我国农村面源污染治理审计的合法合规性审计与美国审计署的比较

各国的审计内容都或多或少地包含合法合规性审计。与国外发达国家的合法合规性审计的实质性内容相比，我国政府审计的合法合规性，重点在审计贪污挪用、偷工减料、违规审批、执法不力等明知故犯的违法行为方面，甚至作为审计对象的资料本身就存在着违规申报、虚假冒领的真实性问题。而美国政府审计的合法合规性，重点更在于合规性，或者更确切地说是合理性或者适当性，是基于政府部门自由裁量权和有限理性而导致的不当支付（improper payment）。至于被审计的数据本身，不是真实性问题而是不完整或者可获得性的问题。不当支付审计是对美国联邦政府加强合规性审计的集中体现（陈平泽，2012）

美国审计署自 1970 年 7 月最早发布关于面源污染的审计报告开始，其可查找的面源污染治理审计报告中，合法合规性方面多是关于资金不当开支或者面源污染资料数据不健全的问题。发布于 1979 年 7 月 17 日的美国审计长斯塔茨《面源污染对于达到国家水质量目标的影响》的证词（GAO，1979），反映了农业部的农业保持项目中，1977 财年投资的 19000 万美元，大多数资金被花费在了加强粮食生产而不是控制土壤侵蚀以预防或减少与农业有关的污染。2012 年 7 月 12 日发布的审计报告《面源水污染：环保署关键的水项目需要进一步的监督和额外的资料》，揭示了农业部的国家层面的数据并不是足够的详细，使得难以识别农业部是否采用了合适的测量方法来帮助减轻潜在的水质损害（GAO，2012）。

以合法合规性为主，是我国现阶段农村面源污染治理审计的特点，与发达国家的审计监督存在一定的差异。也由于合法合规性审计是绩效审计的基础，使得不真实不合法问题的普遍存在影响了绩效审计的开展。

二、农村面源污染治理审计的绩效性审计

（一）我国农村面源污染治理审计的绩效性审计

即农村面源污染治理过程中资金、项目、活动、部门的经济性、效率性和效果性，也是所谓的“三 E”审计。我国的绩效审计通常是与合法合规性审计同时进行的，多数审计项目的审计内容都同时包含了合法合规性和绩效。在我国现阶段，合规性问题不仅在效益审计中具有前提性和基础性作用，而且是效益审计目标的重要因素（审计署审计科研所，2007）。农村面源污染治理审计的绩效性内容通常包括：农村面源污染资金的来源、总额、投向和管理使用情况；国家有关部门和地方各级政府在农村面源污染治理方面所采取的措施和办法，所取得的经验和成效；农村面源污染治理项目建设及运行情况等。绩效性审计以合法合规性审计为基础，由于合法合规性审计仍然是我国政府审计的重点，绩效性审计很少独立开展，通常在同一个审计项目中，在合法合规性审计的基础上，实施绩效审计，审计报告并不区分合法合规性和绩效性，一同加以披露。所以也有人认为合法合规性包含在绩效性之中，是绩效性的一部分。

2009 年，江苏省审计厅组织太湖流域审计机关对 2008 年太湖水污染治理情况进行了审计，审计中重点关注“三大绩效”：一是资金到位绩效，即省政府的决策有无到位，考察各地区项目的资金到位率、项目完成率和投资完成率等；二是运行绩效，了解各个项目建成后是否一直在持续发挥作用，以及收费政策执行等情况，综合情况并分析原因，为考核下级政府和部门责任履行情况提供依据，为领导决策服务；三是整改绩效，坚持持续跟踪，促成省有关部门专门会办，要求其内部职能处室认真核查，并落实整改措施，建立健全相关规章制度（新华日报，2010）。

绩效性审计可以有正面的绩效和负面的绩效。2013 年 5 月 17 日，审计署发布《10 个省 1139 个节能减排项目审计结果》，在项目的绩效方面，审计署

认为总体上相关地方政府高度重视节能减排工作，加大资金投入力度，规范项目实施，取得较好成效。具体的正面绩效体现在三个方面：一是地方各级政府认真履行节能减排责任，强化目标考核（部门绩效）；二是中央财政资金引导带动省级资金投入增加，示范效果明显（资金绩效）；三是财政资金支持的节能减排项目顺利实施，节能减排效果逐步显现（项目绩效）。但审计也发现负面绩效：在1139个节能减排项目中，有42家单位（企业）实施的44个项目未达到预期节能减排效果，涉及专项资金15.87亿元。“三河三湖”水污染防治效益专项审计调查发现的负面绩效主要是：相关政策措施不够完善；部分水污染防治工作尚不完全落实到位，比如水污染防治五年规划落实不力、部分地区环境执法不到位、部分地方农业和农村面源污染治理工作薄弱等等；部分水污染防治资金管理和使用不够规范，存在着挪用、虚报和滞留水污染防治资金的问题。因此审计署提出以下审计建议：一是进一步完善水污染防治政策措施，包括完善农业面源污染防治相关措施，强化对水污染防治规划落实情况的考核以及加大执法力度等内容，二是进一步加大水污染防治资金投入，加强“三河三湖”水污染防治资金管理、提高资金效益（新华网，2009）。

绩效审计还必须依赖被审计对象标准规范的建立，将实际审计结果与标准对照，才能反映绩效情况。“三河三湖”水污染防治效益专项审计调查，即以国务院批复的“三河三湖”水污染防治“十五”计划、国家环保总局与相关流域地方政府所签订的水污染防治和污染物总量削减目标责任书等规定为依据。审计充分借鉴了相关主管部门关于水质状况的专业数据，通过聘请有关专家，调查了2007年7月1日至2008年6月30日的“三河三湖”水质状况以及2000年以来的各年度水质监测数据，并且进行了对比分析，从整体上对水污染防治效果做出了评价。

（二）我国农村面源污染治理审计的绩效性审计与美国审计署的比较

20世纪60年代，美国审计署开始负责绩效审计和项目评估，以确定政府项目是否实现了自己的目标。对联邦机构和投资项目进行绩效审计评价（包括接受联邦资金资助的地方政府和私营机构），提出建设性意见，以帮助改进管理、提高绩效，是美国审计署的八项法定职责之一（基恩·多达罗，2013）。在面源污染治理绩效审计方面，中美审计署都关注资金和项目的绩效，分析规则缺失导致的绩效缺陷。不同的是，美国审计署更关注项目绩效所反映的部门管理水平、更侧重从长期的视角跟踪面源污染环境政策的动态执行结果。

美国审计署自 20 世纪 70 年代以来，一直关注环保署和农业部的面源污染治理项目的执行情况。1990 年，农业部发起了一个新的水质量保护活动，对原有的有关土壤保护项目进行了扩展。审计署在肯定新的活动具有更广泛和更好的系统性的同时，也提示农业部在水质量管理方面没有开发综合性的部门政策。1990 年 11 月，美国审计署报告了农业部和林业局的一些活动造成了土壤侵蚀和水污染，与清洁水法案的目标存在冲突。2012 年，美国审计署披露了环保署在监督州实施项目方面存在的各州标准不全面不统一、监督和评价的方法不完全的问题。更具部门针对性的审计建议便于厘清责任，督促整改。美国审计署在清洁水法案颁布的 40 多年中，随着法案的执行、修正和完善，以及面源污染呈现的不同阶段性特征，坚持动态跟踪审计有关部门的法案执行情况，针对不同时期的问题分析研究，深入剖析，提出适时合理的审计建议。

第四节　我国农村面源污染治理审计结果公告分析

一、我国的政府审计报告制度

审计报告是审计机关按照审计法规的要求，对审计项目实施审计后出具的，对审计项目发表审计意见、作出审计结论的审计法律文书。关于审计报告形成、发布、质量控制、法律责任的一系列制度称为审计报告制度。各种审计报告是审计结果的表现形式。

（一）我国的政府审计结果形式

审计结果是审计人员依据审计法规和准则制度，通过专业审计工作形成的最终成果。各国的政府审计机关依照审计专业规定，都会形成不同的审计结果。如美国审计署向国会提交的专项审计报告、在国会专业委员会作证发布的证词、审计署自身进行专业研究发布的高风险目录和综述与概览（Overview）等综合研究报告、向诸如注册会计师协会进行审计信息沟通的专业交流报告等。

在我国的政府审计实务中，审计结果有多种表现形式。以审计署为例，有向国务院报送的审计综合报告、审计专题报告；向国务院总理提交的审计结果报告；受国务院委托每年向全国人大提出的审计工作报告；向社会公布的审计结果公告；发现违反国家规定而出具的审计决定书；发现需追究刑事责任或者党政党纪责任出具的审计移送处理书；发现重大违法违规线索单独向国务院报送的审计信息报告；反映审计查出问题整改情况的发现问题整改结果报告等。从发布对象看，主要有向国务院、向被审计单位、向司法机关、向社会公众发布。地方审计机关的审计结果除了向地方政府、被审计单位、司法机关、社会公众发布，还需要向上一级审计机关报送有关审计报告。2015 年 12 月 8 日发布的《关于完善审计制度若干重大问题的框架意见》规定：健全重大事项报告制度，审计机关的重大事项和审计结果必须向上级审计机关报告，同时抄报同级党委和政府。

（二）我国的政府审计结果公告

审计结果公告，是指审计机关向社会公布的审计结果，并依法保守国家秘密和被审计单位的商业秘密。审计结果公告是审计结果公告制度的外在成果。审计结果公告制度是指审计机关在审计活动中依照法定程序，以新闻媒体或专门出版物等方式，对审计管辖范围内重要审计事项的有关审计报告、审计意见书、审计决定书等审计结论性文书向社会公众进行公开的制度（杨丽娟、叶睿，2012）。审计结果公告制度的确立表明我国民主政治的发展进入了一个新的阶段，公告的实施为打破传统自上而下的监督模式提供了信息条件，为构建新的监督模式打下了基础（刘静，2015）。

在我国，并非所有的审计结果表现形式，全部都向社会公开，如审计移送处理书、审计信息报告等，就不向社会公开。另外，领导干部经济责任审计报告暂时未向社会公开。领导干部自然资源资产离任审计正处于试点阶段，其审计报告也没有公开。我国于 2007 年 1 月 17 日通过了《中华人民共和国政府信息公开条例》，自 2008 年 5 月 1 日起施行。条例的第六条规定：行政机关应当及时、准确地公开政府信息。审计结果信息除了涉及国家秘密、商业秘密和个人隐私的，都属于应当公开的政府信息。2010 年 12 月，中共中央办公厅、国务院办公厅印发了《党政主要领导干部和国有企业领导人员经济责任审计规定》，其第三十八条规定：各级党委和政府应当建立健全经济责任审计情况通报、审计整改以及责任追究等结果运用制度，逐步探索和推行经济责任审计结果公告制度。随着政府信息公开透明的发展趋势，审计结果的公开程度将会越来越大，不断推动问题整改和完善国家治理。根据审计署 2006 年 6 月 20 日发布的《审计署公告审计结果办法》，审计署公告审计结果一般应包括以下内容：①被审计单位基本情况及审计评价意见；②审计发现的主要问题；③审计处理处罚及建议；④审计整改情况；⑤其他认为需要公告的内容。审计署通过公开出版《中华人民共和国审计署审计结果公告》向社会公告审计结果，同时在审计署网站发布。

二、我国审计署审计结果公告中的农村面源污染治理审计结果

（一）我国政府审计结果公告概况

我国审计署层面自2003年真正开始实行审计结果公告制度。2003年12月15日，审计署发布了第1号审计结果公告："2003年第1号：审计署关于防治非典型肺炎专项资金和社会捐赠款物审计结果的公告"，公布了审计署组织全国审计机关对中央部门及30个省（自治区、直辖市）自非典疫情发生以来至7月31日，筹集分配和管理使用防治非典专项资金、社会捐赠款物的专项审计结果。从2003年至2018年1月，审计署已经发布295份审计结果公告，内容涵盖部门预算执行审计、政策措施贯彻落实审计、国有企业财务审计、国有控股银行财务审计、重大工程项目财务审计、社保资金审计、地方政府性债务审计、专项资金审计、审计移送违法违纪处理情况、审计建议整改情况等方面。

在地方审计机关层面，广东省审计厅于2003年9月在网上公布了第一份审计结果公告——《广东省非经营性收费站收费还贷情况》。就总体而言，地方审计机关的审计结果公告情况与审计署还是存在一定的差距。江苏省审计厅自2004年第一份审计结果公告《2004年省级预算执行和其他财政收支审计查出问题的纠正结果》发布后，至2015年仅发布33份，平均一年仅3份，而该省审计厅2009年、2010年、2011年三年审计项目计划就达79项。宋常等（2009）的研究表明，我国地方审计机关审计结果公告现状不容乐观，并且在我国地方审计机关审计结果公告实践中，经济发展程度与审计结果公告并不呈直接相关关系。东部经济发达地区审计机关没有表现出更高的公告审计结果的意愿，而经济相对欠发达的中部地区审计机关表现出更高的公告审计结果的意愿，其审计结果公告的数量最多、公告的比例最大。

（二）审计署审计结果公告中的农村面源污染治理审计情况

截至2018年1月，审计署发布的审计结果公告中，涉及农村面源污染治理的有18份，占所有审计署295份审计结果公告的6.10%，分别分布在预算执行审计、政策措施落实审计、国外援贷款审计、水污染防治资金审计等的审计结果公告中。其基本情况如表5所示。

表 5　审计署审计结果公告中的农村面源污染治理审计情况

Table 5 The situation of rural nonpoint source pollution governance auditing in the announcement of National Audit Office

顺序号及公告编号	公告名称	审计项目类型	审计对象	审计内容的性质	审计结果	审计结果类型	整改情况
1.2006 年第 1 号	部分水利建设资金和水利项目审计结果等五个审计结果	环境审计	12 个省（区、市）856 个重点水污染防治项目至 2003 年底的实施进展情况等	合法合规性审计与绩效性审计结合	违规使用 23.68 亿元水污染防治资金，其中 15.66 亿元被挤占挪用	合法合规性	23.68 亿元已有 19.79 亿元得到整改，其他 3.89 亿元已制订整改措施
2.2006 年第 2 号	青藏铁路环境保护资金使用情况审计调查结果	环境审计	青藏铁路环境保护资金使用情况	绩效性审计	基本实现了“环评报告”提出的集中收集、外运或处理污染物的要求	绩效性	——
3.2007 年第 6 号	49 个部门单位 2006 年度预算执行和其他财政收支审计结果（中）	部门预算执行审计	国家环境保护总局 2006 年度预算执行和其他财政收支	合法合规性审计	环保总局的“全国土壤环境质量状况调查与评价”工作内容与国土资源部形成重复，多获得财政资金 3124 万元	合法合规性	调整项目工作内容、核减经费预算，报财政部批准后执行
4.2008 年第 3 号	117 个国外贷援款项目 2007 年度公证审计结果	财务审计	中央单位执行或组织执行的财务收支和项目执行情况	合法合规性审计	世界银行赠款海河流域水资源和水环境综合管理项目财务管理不规范、会计核算不合规	合法合规性	已整改
5.2009 年第 2 号	104 个国外贷援款项目 2008 年度公证审计结果	财务审计	中央单位执行或组织执行的财务收支和项目执行情况	合法合规性审计	世界银行赠款海河流域水资源与水环境综合管理项目未发现问题	合法合规性	——

续表

顺序号及公告编号	公告名称	审计项目类型	审计对象	审计内容的性质	审计结果	审计结果类型	整改情况
6.2009 年第 13 号	三河三湖”水污染防治绩效审计调查结果	环境审计	“三河三湖”（辽河、海河、淮河、太湖、巢湖、滇池）2001 至 2007 年水污染防治绩效情况	绩效性审计	部分地方农业和农村面源污染治理工作薄弱，如有的地方种植业过量施用化肥和农药，养殖业污染物环保处理率低	绩效性	农业部将在“三河三湖”流域全面推行测土配方施肥，推广高效施药器械，应用生物农药，淘汰高毒高残留农药，控制化肥和农药的过量不合理使用，并大力推进农村户用沼气和畜禽养殖场大中型沼气工程建设，努力解决畜禽养殖污染
7.2010 年第 11 号	90 个国外贷援款项目 2009 年度公证审计结果	财务审计	中央单位执行或组织执行的 90 个国外贷援款项目 2008 年度财务收支和项目执行情况	合法合规性审计	世界银行赠款海河流域水资源与水环境综合管理项目存在财务管理不规范问题	合法合规性	已整改
8.2011 年第 30 号	102 个国外贷援款项目 2010 年度公证审计结果	财务审计	中央单位执行或组织执行的 102 个国外贷援款项目 2009 年度财务收支和项目执行情况	合法合规性审计	（1）世界银行赠款海河流域水资源与水环境综合管理项目虚列项目支出 155.38 万元；利用其他已实施的项目抵顶配套资金 212.93 万元；（2）农村地区水资源管理与饮水安全项目未发现问题	（1）合法合规性 （2）合法合规性	已整改 （2）——
9.2012 年第 32 号公告	中央部门单位 2011 年度预算执行情况和其他财政收支情况审计结果	预算执行审计	环境保护部 2011 年度预算执行情况和其他财政收支情况	合法合规性审计	环境规划院以相同内容重新申报“主要污染物总量控制规划研究”等项目，多申领财政资金 590 万元	合法合规性	对多申报并获取财政资金问题，要求收回多得资金

续表

顺序号及公告编号	公告名称	审计项目类型	审计对象	审计内容的性质	审计结果	审计结果类型	整改情况
10.2013 年第 16 号公告	10 个省 1139 个节能减排项目审计结果	环境审计	山西、内蒙古、辽宁、吉林、江苏、浙江、河南、广东、广西、宁夏 10 个省（区）2010 年至 2011 年中央和省级财政投入的节能减排专项资金及 1139 个节能减排项目	合法合规性审计 绩效性审计	（1）江苏省新沂市有关单位将用于区域水环境综合整治的资金 900 万元作为保证金，取得银行承兑汇票用于其他市政建设项目；（2）广西南丹县项目主管部门挪用 2010 年中央财政重金属污染防治专项资金 144 万元，用于预缴 7 个尚未开工的重金属污染治理项目的营业税及附加等税费；（3）吉林省通化县财政部门将农村环境连片整治专项资金 3475.57 万元，用于人员工资等方面支出。	合法合规性	吉林等省地方政府积极督促有关单位（企业）整改
11.2015 年第 24 号公告	中央部门单位 2014 年度预算执行情况和其他财政收支情况审计结果	预算执行审计	环境保护部 2014 年度预算执行情况和其他财政收支情况审计结果	合法合规性审计	（1）2012 年至 2014 年，中央环境保护专项资金存在支持领域过宽等问题。（2）2010 年至 2014 年，环境保护部未按规定办法分配中央重金属污染防治专项资金 64.9 亿元。（3）2014 年，财政部、环境保护部在江河湖泊生态环境保护专项资金中安排 14.89 亿元用于试点”，但试点内容、目标与该保护专项不完全一致。（4）镜泊湖、查干湖项目治理效果不明显。	绩效性	对中央环境保护专项资金管理、分配中存在的问题，要求商财政部尽快对专项资金进行清理整合，按规定编制统一的专项资金申请指南，完善项目库建设，严格按专项资金管理办法分配资金，对水质及其他生态效益指标无明显改善的项目重点关注，进一步规范相关专项转移支付资金的使用。

续表

顺序号及公告编号	公告名称	审计项目类型	审计对象	审计内容的性质	审计结果	审计结果类型	整改情况
12.2015 年第 30 号公告	2015 年 8 月稳增长促改革调结构惠民生防风险政策措施贯彻落实跟踪审计结果	政策措施落实审计	29 个省、自治区、直辖市和 29 个中央部门、7 个中央企业落实稳增长促改革调结构惠民生防风险政策措施情况	绩效性审计	环境保护部、财政部下达的中央农村环境综合整治专项资金 60 亿元设立支出条件，影响支出进度。	绩效性	——
13.2015 年第 32 号公告	2015 年 10 月稳增长促改革调结构惠民生防风险政策措施贯彻落实跟踪审计结果	政策措施落实审计	31 个省自治区直辖市和 29 个中央部门 7 户中央企业落实稳增长促改革调结构惠民生防风险政策措施情况	绩效性审计	滇池流域水污染防治项目实施进度慢，难以按计划完成。目标责任书要求项目开工率应达到 100%、完工率达 95% 以上。项目实际完工 55 个，完工率 54.46%	绩效性	——
14.2016 年第 1 号公告	2015 年 11 月稳增长促改革调结构惠民生防风险政策措施贯彻落实跟踪审计结果	政策措施落实审计	31 个省自治区直辖市和 29 个中央部门 7 户中央企业落实稳增长促改革调结构惠民生防风险政策措施情况	绩效性审计	2015 年水污染防治专项资金落实到具体项目缓慢，资金大量结存在地方财政部门。抽查江苏省、陕西省发现，截至 2015 年 11 月 10 日，7.51 亿元专项资金仍未落实到具体项目。	绩效性	——
15.2016 年第 10 号公告	审计署关于 883 个水污染防治项目审计结果	环境审计	18 个省、直辖市（以下统称省）的 883 个水污染防治项目	合法合规性审计与绩效性审计结合	（1）3 个省的 1782 户畜禽（水产）养殖户污染整治不彻底。（2）山西省阳曲等 11 个县农村环境连片整治示范工程项目损失浪费资金 363.02 万元。（3）重庆市大足区江河湖泊生态环境保护项目和农村环境连片整治项目被套取资金 1080 万元。	绩效性 合法合规性 合法合规性	——

续表

顺序号及公告编号	公告名称	审计项目类型	审计对象	审计内容的性质	审计结果	审计结果类型	整改情况
16.2017 年第 3 号公告	2017 年第一季度国家重大政策措施贯彻落实情况跟踪审计结果	政策措施落实审计	31 个省、自治区、直辖市（以下统称省）和 29 个中央部门、10 户中央企业国家重大政策措施贯彻落实情况	绩效性审计	云南省、江西省 6 个水污染、土壤污染治理项目，由于前期工作不充分以及相关部门推进不力等原因，延期 1 年多未完工，总投资 4.09 亿元。	绩效性	——
17.2017 年第 31 号公告	2017 年第二季度国家重大政策措施贯彻落实情况跟踪审计结果	政策措施落实审计	31 个省、自治区、直辖市（以下统称省）和 29 个中央部门、10 户中央企业国家重大政策措施贯彻落实情况	绩效性	重金属污染整治及生态修复项目资金统筹盘活不到位	绩效性	——
18.2017 年第 32 号公告	2017 年第三季度国家重大政策措施贯彻落实情况跟踪审计结果	政策措施落实审计	31 个省、自治区、直辖市（以下统称省）和 30 个中央部门、10 户中央企业国家重大政策措施贯彻落实情况	绩效性	山东省、湖南省、四川省重金属污染治理项目，由于前期工作准备不足等原因，未按时完工，涉及金额 191373.87 元。	绩效性	——

资料来源：审计署官方网站：http：//www.audit.gov.cn

以上有关资金项目的解释：

①世界银行赠款海河流域水资源和水环境综合管理项目：目标包括推进小城镇污水处理及农村非点源污染控制，积极改善海河流域及渤海的生态环境。

②联合国“农村水资源管理及安全饮用水项目”：在黑龙江、新疆和四川开展农村用水户协会、水权分配管理、生态农业、雨水收集、农村面源污染治理等示范项目。

③重点流域水污染防治规划（2011 年 -2015 年）规定：滇池流域要严格控制东、西、南部非点源入湖污染负荷；加强农业非点源控制，降低化肥施用量等。

第五节　我国农村面源污染治理审计的特点

一、农村面源污染治理审计通过多种审计方式进行

农村面源污染问题属于环境问题，也与农村问题和水治理问题有关，是一个涉及多方利益主体、多渠道管理、多途径整治、多地域关联的问题。因环境问题的公共属性，环境治理以政府主导为基本模式，资金、项目多由上级政府下达，多层向下推进由下级政府实施。同时，世界银行、亚洲开发银行、联合国开发计划署等国际组织也对包括我国在内的发展中国家给予援贷款，帮助治理环境污染、改变贫困落后、开发资源利用、改善卫生条件。根据规定，这些国际机构资助资金的使用情况需要经过独立审计并出具审计报告。审计署国外贷援款项目审计服务中心为我国政府借用和接受的国外贷援款项目提供审计公证，并将公证结果统一编制，并入审计署发布的审计结果公告。因为资金来源的多种路径，这些不同的资金分布于不同的部门，对口不同的审计业务机构，使得农村面源污染治理审计，需要通过预算执行审计、农业审计、环境审计、国外贷援款审计等多种审计方式进行。

二、农村面源污染治理审计开展较少

从审计结果公告来看，审计项目涉及农村面源污染问题的占全部审计公告的 6% 多，有些被审计的资金是综合性的，包含了面源污染治理和其他治理，审计结果公告没有说明具体内容，考虑这一点，审计结果公告披露事项中直接

属于农村面源污染治理问题的将更少。而且，我国国家审计机关没有发布专门的农村面源污染治理情况审计报告。我国政府财政支出中与面源污染治理相关度最高的财政支出是农村环境保护资金和水体污染防治资金。近几年我国（全国）财政支出决算中农村环境保护资金和水体污染防治资金合计数都占环境保护总支出的15%左右，2014年二者总量为630亿元，2015年为717.88亿元，而2016年为834.89亿元，占环境保护总支出的17.63%，为近几年最高占比。与此对应的是，我国审计署并非每年都进行农村环境审计和水污染防治资金审计。审计结果公告显示大规模的水污染防治资金审计进行了三次，而针对农村环境保护资金的审计则没有作为独立审计项目开展。这一问题在某些地方审计机关层面有所改善，如江苏省审计厅近几年来持续开展太湖水污染治理审计，并且针对农村面源污染治理情况安排了相对独立的审计项目，进行相对独立的专门审计，直接反映太湖流域的农村面源污染治理的合法合规情况及其绩效，推动农村环境改善和为环境污染问责提供依据。

三、农村面源污染治理审计结果多表现在合法合规性方面

政府审计通常按照审计内容性质分为合法合规性审计和绩效审计。在我国政府不断提高治理能力和水平的大环境下，违法违纪正在明显减少，但是由于一些机制体制方面仍然存在的不健全不完善，以及一些积年遗留问题如地方财政欠账没有得到充分解决，审计对象中存在的问题仍然以合法合规方面为主，并且长期存在，被诟病为“屡查屡犯”。农村面源污染治理审计中存在的问题，以挤占挪用资金、重复申报项目、管理不规范、账目不真实、地方资金虚假配套等为主。分析其原因，主要有两个方面。①农村面源污染治理的最终落脚点在农村，由于对资金和项目在基层的运作缺乏必要的监管，往往导致资金的使用、项目的建设出现违法违规行为。②我国与农村面源污染治理相关的环境项目存在相互重复和交叉，既有按照政府部门口径通过财政预算“项目支出”拨付的财政资金，又有按照水体流域拨付的水域治理资金，还有其他按照治理内容拨付的不同专项资金，这样就容易造成不合理的资金重复申报获取。

四、农村面源污染治理审计正在突出绩效性审计

绩效审计是政府审计发展的一个重要类型。20世纪后半期，随着社会经济的发展，政府职能和开支规模迅速扩张，财政赤字不断加剧，同时公众对政府

提出了更高的要求，不仅使用公共资源要合法合规，还要提高公共资源的使用效率和效果。而政府自身也认识到提高效率、降低成本、加强管理的重要性，普遍采取相应的改进措施，强化预算约束、关注运行情况、重视公共政策成效。顺应上述变化，审计机关开始转变工作重心，由合法合规性审计，转向对政府资金、项目、运行状况的效率和效果进行审计，即开展绩效审计，并对政府开展问责。绩效审计已成为许多国家审计机关的主要职责之一。

一般来说，专项审计调查、政策措施落实审计属于绩效审计，虽然在审计中同时关注违法违规性问题，但是审计项目的开展初衷在于审计对象的绩效性而非合法合规性。审计署开展的青藏铁路环境保护资金使用情况审计调查、水污染防治绩效审计调查、稳增长促改革调结构惠民生防风险政策措施贯彻落实跟踪审计都属于绩效审计。涉及农村面源污染治理的审计结果，近年来更多的是反映绩效方面，包括农村面源污染治理资金的绩效和项目的绩效，以及相关部门的管理绩效，如治理资金下拨缓慢；治理项目进度慢；部门简政放权没有充分落实、设立支出条件导致影响环境治理推进；治理效果不明显。突出绩效性的农村面源污染治理审计，更有利于从宏观、制度层面发现问题，通过推动项目和政策的有效落实，扎实促进农村环境问题的改善。

第六节　当前我国农村面源污染治理审计存在的不足

一、缺乏比较全面的农村面源污染治理审计

从政府审计进行的审计活动和审计结果公告中可以看出，我国政府审计普遍没有开展比较全面的农村面源污染治理审计，也没有针对性的农村面源污染治理审计结果公告，有关农村面源污染治理情况，分别反映在不同的相关审计项目之中，如环境审计、农业审计、国外援贷款财务审计、政策措施落实审计，因而无法对农村面源污染治理的总体情况发表审计结论，提出审计建议。

究其原因，主要在两个方面：①从资金来源方面来说，农村面源污染治理资金，既有被包含在不同的财政支出项目中，通过多种渠道、多种方式投入到治理地域的部门和机构的，也有通过国外金融机构援助性资金和低息贷款方式投入的，没有专项的面源污染治理资金。这一点与欧美发达国家存在不同。

自20世纪80年代末以来，随着点源污染负荷的下降，面源污染负荷的增加，在全球范围内对农业面源污染控制不但逐步成为水污染治理的重点，也逐步成为现代农业和社会可持续发展的重大主题（张维理、冀宏杰、Kolbe H.等，2004）。而政府审计的方式，通常是沿着资金的线索进行的，“财政资金运行到哪里，审计就跟进到哪里”。由于治理资金分散于各个部门和项目，没有单一归口的农村面源污染治理资金，相应审计也就专注于各个不同的部门和项目，形成了不同的审计结果公告，就使得农村面源污染治理的情况分散反映在不同的审计结果公告之中。②从审计自身的方面来说，政府审计安排审计项目，通常按照部门（如中央部门单位）、某种专项资金（如节能减排资金）、某项目（如三峡工程、南水北调工程）、某区域（如太湖流域）、同类资金（如社会保障资金）、同类事务（如地方政府性债务、稳增长政策措施贯彻落实）等口径进行，与财政预算体制、政府组织架构、政府运行体系相一致。对于农村面源污染治理这样相对错综复杂、涉及多部门和利益主体、包含多种具体内容的对象，尚未单独开展审计活动。

二、农村面源污染治理的绩效审计不深入

（一）农村面源污染治理的绩效审计不全面

政府绩效审计中所指的绩效，通常包含三个方面：资金绩效、项目绩效和部门绩效。近几年来越来越多的政策措施落实审计，又使绩效审计增加了政策执行绩效这一内容。我国政府审计实务中，对资金投入的规范性绩效的审计相对较多，如中央资金是否及时拨付、地方资金有无足额配套等。对资金的其他绩效如投入产出比、项目绩效、部门绩效和政策执行绩效普遍缺乏比较深入和全面的审计和评价。这与我国政府管理水平和部门、项目本身缺乏绩效考核有密切关系，也与审计部门自身的工作重点、综合能力有关。

我国环境审计很少涉及绩效评价等其他内容。有的审计结果公告虽然名称包含“绩效”二字，但绝大部分内容仍是阐述财务合规性问题（李璐、张龙平，2012）。从我国审计署发布的审计结果公告看，农村面源污染治理审计的审计结果，除了资金被挤占挪用、项目资金重复申请、会计核算不真实等合法合规性问题之外，在资金的绩效方面，主要是资金落实缓慢影响项目开工，在项目绩效方面，主要是项目开工进度慢，在部门绩效方面，主要是部门设立支出条件影响资金投入及时性、部分地方农业和农村面源污染治理工作薄弱。目

前还没有关于农村面源污染治理政策执行绩效的审计。农村面源污染治理的绩效信息比较分散，没有完整全面的总体绩效信息。

（二）农村面源污染治理的绩效审计缺乏系统的正面绩效评价

按照审计的理念可以将审计分为鉴证型审计和问题导向型审计。所谓鉴证型审计，就是以客观评价为目的，将审计结果以规范描述的方式，对审计对象做出明确直观的结论。而问题导向型审计，则以发现问题为目的，审计结果除了简单描述基本情况，更多的篇幅用来反映发现的主要问题，并提出相应的审计建议，同时后续不断跟踪被审计单位接受审计建议的整改情况。注册会计师财务报表审计是典型的鉴证型审计，而政府审计则情况比较复杂，从国外审计实践看，有些审计是鉴证型的，有些是问题导向型审计，有些则是二者兼而有之。如美国审计署的审计，兼具鉴证作用和揭示问题责任，所揭示的问题，也偏重于合理性和绩效性。

我国政府审计多以问题导向为理念，重在通过审计发现国家体制机制性问题，维护国家经济安全，提出审计建议；通过审计发现重大违法违纪线索，打击腐败推动严肃法纪，这与我国的审计环境和审计职责高度适应。在问题导向型审计理念之下，审计机关的绩效审计工作重点往往倾向于负面的绩效，而不是包括正面绩效在内的整体绩效。我国审计署发布的有关农村面源污染治理的审计结果公告在行文上，基本情况段即正面绩效部分通常描述较为简单笼统，重点往往在后面的发现问题部分，描述具体细致，揭示问题清晰明确。在所发布的 18 篇与农村面源污染治理有关的审计公告中，只有一篇采用的是正面绩效评价的表述，即 2006 年第 2 号审计公告“青藏铁路环境保护资金使用情况审计调查结果”，其审计结论之一是：基本实现了“环评报告”提出的集中收集、外运或处理污染物的要求，其他公告则是负面的绩效表述。

三、农村面源污染治理审计没有进行长期的跟踪式审计

环境的治理往往需要一个比较长的周期，其治理效果的体现也需要一个较长的周期，因而环境审计需要采用连续长期的跟踪审计形式，以便全面客观进行审计监督和评价。国外审计机关对于诸如环境保护与改善这样的涉及周期较长的审计对象进行审计，通常采取长期跟踪审计的方式，审计间隔也可以相对较长。以英国审计署为例。2010 年 8 月，英国审计署向英国下议院环境审计委员会提交了环境保护审计报告。时隔三年多，英国审计署于 2014 年 6 月再次向

环境审计委员会提交了环境保护审计报告，评估了2010年报告中的十个环境保护领域（大气污染和气候变化、空气污染、生物多样性、森林、土壤、洪水和海岸防护、废物、淡水环境、水的可利用性、海洋环境）的进展，关注了政府如何寻求实现2011年自然环境白皮书列示的前景战略。审计署认为政府的环境保护手段已经通过更宽泛的鼓励经济增长、简化规程、限制公共部门支出和减少赤字的目标得以显示，政府建立了新的合作关系和咨询小组来帮助促进更广泛的环境保护，更充分开发“绿色”市场机遇。同时，报告对十个领域2010年以来政府采取方法的关键改进和绩效进行了论述（NAO，2014）。

我国的农村面源污染治理审计通过多种审计方式分散进行，而且缺乏系统的连续性。这种“碎片化”的审计，使得无法动态反映面源污染治理的长期活动，无法反映国家环境政策的落实效果，更无法提出全局观点和长远视野的审计建议，充分发挥审计的推动作用。

第七节　河长制全面推行下的农村面源污染治理审计监督

2016年12月，中共中央办公厅、国务院办公厅印发了《关于全面推行河长制的意见》，全面推行河长制并建立省、市、县、乡四级河长体系，各省（自治区、直辖市）设立总河长，由党委或政府主要负责同志担任，其他河长也均为党政负责人；建立河长制要坚持“党政领导、部门联动”。河长制的全面推行，不仅为环境治理创新了机制，也扩展了政府审计在农村面源污染治理方面的监督职责和审计成果运用。

一、政府审计与河长制全面推行的互动关系

（一）考核问责是有效实施河长制的关键

我国《水污染防治法》规定：“国家实行水环境保护目标责任制和考核评价制度，将水环境保护目标完成情况作为对地方人民政府及其负责人考核评价的内容”。没有真正的监督考核与问责，河长制就会流于形式。考核形式主要有两种，一是政府层级对河长的考核，政府成立专门机构对治理情况进行考核。以无锡市为例，无锡市成立了河长制领导小组，领导小组下设综合管理办公室和检查考核小组。检查考核小组由市纪委书记挂帅，机构设在市监察局，负责

对工作落实情况进行督促检查和考核问责。二是上级河长对下级河长的考核。《关于全面推行河长制的意见》规定：县级及以上河长负责组织对相应河湖下一级河长进行考核，考核结果作为地方党政领导干部综合考核评价的重要依据。

（二）审计机关参与河长制的考核问责

河长制是政府在水治理中的机制创新，作为政府机构之一的审计机关，必然参与其中。在实践中，审计机关参与河长制的考核问责，可以有多种形式，如在预算执行审计、政策措施落实审计、专项审计、经济责任审计等审计活动中，都可能对河长制的有关内容进行审计。从当前的审计实践看，与河长制直接相关的审计，主要有两种形式：财政资金审计和领导干部自然资源资产离任审计。

1. 财政专项资金审计。河长制实施的资金来源，是上级财政资金拨款与下级财政资金配套相结合，各级财政资金的使用由对应各级审计机关进行审计监督。有些地方的河长制意见中直接规定了审计机关的职责。如中共宜兴市委、宜兴市人民政府 2012 年发布的《关于进一步加强“河（湖、库、荡、氿）长制”管理工作的意见》明确规定：“财政局负责多渠道筹措资金，为河道综合整治重点项目的推进实施提供必要的资金保障；负责对‘河长制’管理资金的监管。审计局负责对‘河长制’管理资金的监督和审计。”2014 年，宜兴市审计局将“宜兴市 2012 年至 2013 年水环境整治项目实施情况审计调查”列入本年度第二批审计计划项目。

2. 领导干部自然资源资产离任审计。领导干部自然资源资产离任审计，是中国特色审计制度的一项重大制度创新，是加强生态文明建设的重要举措。对领导干部任职期间的自然资源资产实行离任审计，能够促进领导干部在任期间对环境的保护，注重经济效益、社会效益和生态效益的协调统一。领导干部自然资源资产离任审计已经列入党的全会公报。十八届三中全会报告指出：“探索编制自然资源资产负债表，对领导干部实行自然资源资产离任审计。建立生态环境损害责任终身追究制。”十八届四中全会报告进一步明确了其重大程度：对公共资金、国有资产、国有资源和领导干部履行经济责任情况实行审计全覆盖。

2015 年 10 月中共中央办公厅、国务院办公厅印发的《开展领导干部自然资源资产离任审计试点方案》，是这一试点工作正式开始的标志。随后，安徽、云南等多地以省（自治区、直辖市）党委、政府的名义出台了具体的实施方案，多个省级审计厅开展了审计试点。审计署也进行了试点，并于2016年11月，发布了加快推进领导干部自然资源资产离任审计工作的通知。

2016年12月印发的《关于全面推行河长制的意见》明确规定：将领导干部自然资源资产离任审计结果及整改情况作为考核的重要参考。这一规定体现了审计结果的权威性和重要性，为提高审计结果的运用效力提供了规章依据。根据这一规定，需要建立领导干部自然资源资产离任审计结果与河长制考核问责的连接机制，将审计结果以适当的方式发送各级党委和政府，为河长的考核与问责提供审计建议。同时，也可以建立河长制考核结果向审计机关通报的机制，实现信息共享。

二、河长制下农村面源污染治理的政府审计监督

农村面源污染治理是河长制中的重要部分，《关于全面推行河长制的意见》中规定的“严格治理工矿企业污染、城镇生活污染、畜禽养殖污染、水产养殖污染、农业面源污染”几乎涵盖了所有的农村面源污染，河长制也是农村面源污染治理的重要行政手段。根据推行河长制的意见要求，审计机关可以在相关审计中，关注政策执行、目标完成、资金使用、问题风险等四个方面。

（一）审计水污染防治法规的执行情况

河长制要求河长要落实《水污染防治行动计划》，明确任务，严格治理。根据国务院发布的《水污染防治行动计划》，要求推进农业农村污染防治，防治畜禽养殖污染、控制农业面源污染、加快农村环境综合整治。这些都与河长所要履行的职责密切相关。审计机关需要审查河长的面源污染相关政策措施执行情况、审查河长的涉及面源污染事项的决策情况、部门落实责任情况。

（二）审计面源污染治理指标完成情况

各层级的相关资源环境保护法规为农村面源污染治理将要达到的效果设立了具体的指标，如《水污染防治行动计划》要求：科学划定畜禽养殖禁养区，2017年底前，依法关闭或搬迁禁养区内的畜禽养殖场（小区）和养殖专业户，京津冀、长三角、珠三角等区域提前一年完成，自2016年起，新建、改建、扩建规模化畜禽养殖场（小区）要实施雨污分流、粪便污水资源化利用；到2020年，长江、黄河、珠江、松花江、淮河、海河、辽河等七大重点流域水质优良（达到或优于Ⅲ类）比例总体达到70%以上等。同时，各地方也会根据国家法

规相应制定本地区所要达到的指标。在审计评价中，审计机关很大程度上要以主管部门的指标体系为基础。审计机关需要检查这些河流资源环境管理方面约束性指标是否达到，为目标责任制的完成情况提供明确的判断依据。

（三）审计面源污染治理资金的合法合规性和效益

资金的审计是最基本的内容。审计机关需要审计河长制下财政拨付的用于农村面源污染治理的专项资金的及时性、安全性，是否按照预算的范围使用，是否建立了资金使用的管理制度，资金是否达到了预期的使用效果等。

（四）揭示农村面源污染治理存在的突出问题和风险隐患

国家审计的预防性作用要求审计机关不仅应当查清审计对象的真实状态，还应当揭示问题和风险，推动环境目标的实现。审计机关需要通过审计证据分析河长制下面源污染治理中存在的问题、重大污染安全隐患及预警机制建立情况，审查是否建立了“河长制”责任层层落实制度，审查是否建立面源污染突发事件应急预案，是否积极落实有关整治责任和限期整改措施等方面，分析和揭示河长制实施中存在的问题、重大的水环境安全隐患，形成审计建议提交相关部门。

三、建立河长制下农村面源污染治理审计结果的信息沟通机制

（一）对政府及其相关部门的审计信息沟通

我国的审计机关是政府体系的组成部分，依照法律规定，国务院设立审计机关，在国务院总理领导下独立行使审计监督权，地方各级审计机关依照法律规定独立行使审计监督权，对本级人民政府和上一级审计机关负责。因而，审计机关应当向本级政府报告审计结果。对于政府的组成部门，尚无进行直接的相关审计结果报告。当前，一般性的审计项目，如预算执行审计、政策措施落实审计等，都实行了向本级政府报告。就与河长制关系密切的领导干部自然资源资产离任审计来看，在审计试点阶段，还没有实现向政府及其相关部门的报告制度。顺应河长制的实施，审计机关需要研究领导干部自然资源资产离任审计结果中有关河长制监督问责信息，与本级政府和环保、水利、农业等部门的沟通机制，包括信息报告的对象、范围和程度，以便为地方党政领导干部综合考核评价和问责提供依据。

（二）对人大的审计信息沟通

审计机关对人大的信息沟通，主要体现在每年例行的、受本级政府委托向本级人大常委会报告的《年度预算执行和其他财政收支的审计工作报告》方面，向人大报告政府的预算执行和决算、政府财政管理、财政存量资金、政策措施贯彻落实、重点专项资金等审计情况，提出加强财政管理的意见，为人大的财政监督提供审计信息。

在推行河长制的背景下，一些地方启动了人大监督机制。《南方日报》以“广佛跨界河流、茅洲河、练江、淡水河、石马河整治均未达标，三级人大监督‘河长制’启动”为题（辛均庆、任宣，2016），报道了广东省省、市、县三级人大常委会将联动监督河长制的实施，推动跨市域河流流域各级政府全面实施河长制，同时将以立法形式确立河长制，各相关市、县人大常委会将以检查督办“四河”“两河”决议执行为抓手，督促政府将人大决议确定的水质改善目标列为河长制的工作考核目标，并细化为年度、季度、月度目标、任务和要求。人大联动监督河长机制的确立，加强了对环境审计信息的需求，将推动建立环境审计信息与人大的沟通，在原有例行代政府首长报告的基础上，增加对人大的专业信息报告，充分发挥国家审计在立法机构监督政府中的作用。这一方面与美国、英国、意大利等西方发达国家的审计机关应议会的要求举行听证，提供专业调查和分析、发表审计视角下的观点，具有非常相似的特征。

（三）对社会公众的审计信息沟通

2007 年国务院发布的《中华人民共和国政府信息公开条例》已经规定：行政机关应当及时、准确地公开政府信息。2001 年，国际货币基金组织推出了《财政透明度手册修订版》，对政府财政透明度进行了一般性的总结与规范，并提出了政府财政透明度的四项基本要求，其中对真实性的独立保证特别强调了财政信息应受到独立的检查，国家审计机构应向立法当局和公众及时提供政府账户财务真实性的报告，这一要求实质上就是对国家审计结果的公开提出了基本的要求（张庆龙，2005）。2003 年，审计署开始向社会发布审计结果公告，审计信息开始向社会公开。

河长制要求加强社会监督，要聘请社会监督员对河湖管理保护效果进行监督和评价。评价河湖的治理效果需要专业信息的支持，社会公众通常没有自行取得这些信息的能力，或者因存在外部性而变得不经济。包括审计信息在内的政府信息的公开，将为加大社会监督和评价提供专业的信息依据，使社会监督真正落到实处。

第八节　我国农村面源污染治理审计的改善

面源污染已经成为比工业点源污染更为严重的世界性问题，我国的面源污染形势也非常严峻。环境保护部 2011 年就在国务院新闻办举行的新闻发布会上指出：农村的污染排放已经占到了全国的“半壁江山”，农村环境问题很多，形势相当严峻，农村环境整治任务非常繁重。主要体现在三个方面：一是农村环境污染很重。二是农村环境基础设施建设严重滞后，中国环保方面城乡差距非常明显，农村环保欠账过多。三是农村环境管理的基础也很薄弱，法规标准很不完善，监管能力严重不足（新华网，2011）。

作为国家治理重要组成部分的政府审计，需要履行查清事实、反映问题、揭示风险、提出建议的职责。农村面源污染治理是个中央和地方政府及部门、农业企业、农业经营户、施工单位、监管部门等多方参与的体系，涉及政策、资金、项目、部门多个对象，审计机关应当运用独立性和专业性的机构优势，充分发挥政府审计的作用，改进农村面源污染治理审计，进一步推动环境治理的进程和取得切实的成效。

一、对农村面源污染治理进行长期综合跟踪审计

（一）环境治理跟踪审计

跟踪审计是指审计机关依据法律、法规，在被审计事项（活动）实施过程的某个环节介入，持续监督被审计事项（活动）的一种审计方式，其目的是促进重大政策、重点项目或重要事项的顺利实施和目标实现（崔振龙、王长友，2014）。

跟踪审计的发展最初从项目建设开始，逐步向其他领域延伸，最终定位于特大型投资项目、特殊资源开发与环境保护事项、重大突发性公共事项、国家重大政策措施的执行等。我国审计机关典型的跟踪审计包括对世博会项目、防治非典专项资金和社会捐赠款物分配使用情况等进行的审计。2008 年，跟踪审计在汶川地震救灾和灾后恢复重建中得到全面实施。2011 年审计署发布的“十二五”审计工作发展规划提出：“加强跟踪审计。对关系国计民生的重大建

设项目、特殊资源开发与环境保护事项、重大突发性公共事项、国家重大政策措施的执行实行全过程跟踪审计。”

环境保护是我国的一项基本国策。1983 年国务院召开的第二次全国环境保护会议宣布，把环境保护作为我国的一项基本国策。2002 年中国共产党十六大报告再次强调了环境保护这项基本国策，指出“必须把可持续发展放在十分突出的地位，坚持计划生育、保护环境和保护资源的基本国策”。几十年来，我国形成了“预防为主、防治结合”“谁污染，谁治理”和“强化环境监督管理”三项环境基本政策。其中，“强化环境监督管理”的主要内容有：……积极开展环境监理工作，并采用环境审计等手段增强管理的力度和频度。国家的环境保护政策法规为加大环境审计力度、进行环境跟踪审计提供了宏观层面的肯定和实践活动的法理支持。党的十八大报告提出了经济建设、政治建设、文化建设、社会建设、生态文明建设五位一体总体布局，党的十九大报告指出：“必须树立和践行绿水青山就是金山银山的理念，坚持节约资源和保护环境的基本国策，像对待生命一样对待生态环境，统筹山水林田湖草系统治理，实行最严格的生态环境保护制度……为人民创造良好生产生活环境，为全球生态安全作出贡献”，“着力解决突出环境问题。坚持全民共治、源头防治……加快水污染防治，实施流域环境和近岸海域综合治理。强化土壤污染管控和修复，加强农业面源污染防治，开展农村人居环境整治行动”。

对环境治理进行跟踪审计，是主要发达国家审计机关应对环境污染、发挥审计职能、推动实现政府目标的有效手段。美国审计署的面源污染治理审计、英国审计署的环境保护审计都是环境跟踪审计的先进实务。我国审计署也积极推广环境跟踪审计。审计署 2009 年《关于加强资源环境审计工作的意见》专门指出，要积极开展跟踪审计：“各级审计机关对关系国计民生的重大资源开发利用和环保工程项目、重大资源环境管理政策措施和战略规划等（如国家大江大河及湖泊治理规划、退耕还林工程和节能减排政策执行），要积极试行跟踪审计和审计调查，确保国家重点建设项目得到顺利实施，资源环保工作措施和规划得到落实，突出问题得到控制或纠正，促进有关部门和单位健全制度、完善措施、加强管理、改进工作。”2018 年审计署提出：“审计机关在政策跟踪、财政、金融、企业、民生、资源环境、经济责任等各项审计中，要立足财政财务收支审计，着力推动中央重大决策部署贯彻落实，促进做好稳增长、促改革、调结构、惠民生、防风险等各项工作，促进提高经济发展质量和效益。”

（二）开展以政策执行为基本对象的农村面源污染治理综合性跟踪审计

审计基本对象的确定源于审计目标的明确。所谓审计目标，是审计主体通过实施审计行为所期望达到的最终结果。在农村面源污染治理审计目标上，政府审计要确立以国家和地方关于农村面源污染治理政策执行情况、存在问题和执行效果为审计目标的观念，以政策执行为审计基本对象。通常的审计对象，可以是资金、项目、事项、部门、政策执行、领导责任、事物状态等。而跟踪审计的审计对象，则范围稍微减少，可以是资金、项目、事项、部门、政策执行等，即审计聚焦于某项专项资金、某个重大建设项目、某个重大突发性公共事件、某个部门单位、某项国家重大政策措施执行情况，进行规定目标的审计。

在一个审计项目中，审计对象可以是单一的，也可以是多重的。在审计实务中，由于这些对象之间非但不能完全分割，而且关联度非常密切，互相融合，所以审计项目通常是以某个对象为主，同时并入其他对象。如审计署 2008 年执行的"三河三湖"水污染防治绩效情况审计调查，审计对象是 2001 年以来截至 2007 年底的"三河三湖"水污染防治全部项目（包括利用国际金融组织和外国政府贷援款建设的水污染治理项目）和资金情况，审计对象重点是资金，要求查清自 2001 年至 2007 年底的"三河三湖"水污染防治资金的来源、总额、投向和管理使用情况，揭露资金管理和使用过程中的损失浪费和违纪违规问题，提出完善水污染防治管理体制、提高资金使用效益的意见和建议。

农村面源污染治理审计的审计对象涉及多个方面，可以是农村面源污染治理资金、投资的面源污染治理项目、负责农村面源污染治理的部门机构、农村面源污染治理政策措施执行、农村面源污染治理当前所处的状态。以什么具体方面为基本对象，决定了农村面源污染治理审计的审计主线、审计内容、审计持续时间、审计成果和审计影响力。我国已经开展的有关农村面源污染治理的审计中，资金、项目都做过审计对象。在改进农村面源污染治理审计的思路之下，基本审计对象的选择必须要能够串联起所有所涉及的内容，要能反映农村面源污染治理的全面、整体的情况，要能持续监督和评价农村面源污染治理的进展和成果，要能为农村面源污染治理审计提供方向和引领。在资金、项目、事项、部门和政策执行这些对象中，符合上述要求的审计对象，应当是农村面源污染治理的政策执行（如表 6）。

表 6　农村面源污染治理审计的审计基本对象选择对比

Table 6 The compare of basic objects in rural nonpoint source pollution governance auditing

基本对象	具体对象	特点	存在的问题
资金	水污染治理资金、农村环境资金等	审计对象明确，线索清晰，款账对应，点多面广，结论具体，审计经验丰富，审计报告容易表述，是政府审计惯常的审计对象。	容易受到资金款类变化、部门管理水平的影响，相关资金分散存在，可能导致缺乏一贯性，以及影响资金绩效的评价。
项目	水污染治理项目、节能减排项目	审计对象具体，可以进行实地监测，审计关口可以前移，避免造成损失浪费。	涉及项目的多个相关程序，内容繁杂，事前介入审计可能影响审计独立性，项目结束则审计完成，难以系统统一反映治理情况。
事项	水污染突发事件	往往指重大突发公共性事件，审计应对紧急，社会关注度高，审计风险大。	重大突发公共性事件偶发性强，持续时间短，不宜作为诸如环境治理这样需要长期持续关注的事务的审计对象。
部门	环境保护部、农业部	审计边界清晰，但审计机关通常只对部门的预算执行情况或有关政策执行情况进行审计，无权审计部门的其他事项。	需要审计机关和被审计部门具备信息数据库和远程联网条件。由于审计权限约束，与农村面源污染治理审计关联度不高。
政策执行①	畜禽规模养殖污染防治条例、改善农村人居环境的指导意见等	涉及面宽，内涵非常丰富，涉及政策配套措施制定、执行情况、政策效果、相关资金和项目、相关部门和利益相关者，具有非常高度的综合性，宏观性强，更能体现为政府服务的职能。	环境政策事关民生和可持续发展，政策执行及其效果社会关注度高，执行过程中情况复杂，牵涉环节多，审计评价难度大，审计风险高。

污染治理是一个长期的艰难过程，国家对环境污染治理制定了相关政策和措施，包括治理任务、治理方法、治理阶段、治理责任和目标等。就农村面源污染治理而言，根据农村面源污染治理政策预设的治理目标，由国家财政拨入相应水污染防治、农村环境保护等专项资金，通过环境保护部等部门下拨到地方政府部门和机构。也有以项目为载体拨入的资金。农村面源污染治理政策的制定和执行始终是影响资金、项目的决定因素，同时政策法规也是判断部门和机构工作成效、环境治理的政策目标是否实现的依据。以农村面源污染治理政策执行为审计的基本对象，有助于政府审计对农村面源污染治理发布客观、全面的审计观察报告，提出更有战略意义的审计建议。

① 我国政府审计通常并不审计政策本身，而是审计政策的执行情况。

我国已经开展的农村面源污染治理审计，通常以资金和项目为审计对象，这也是我国政府审计大多数审计项目的常规做法。这种审计的优点是审计对象明确，线索清晰，有账可查，结论具体，审计难度小，审计报告容易表述，审计风险较小。但是缺乏宏观的视野和长期的研判，影响审计在国家治理中作用的发挥。国外环境审计已有的以政策执行为审计主线的实践，和近几年我国广泛开展的稳增长政策措施落实情况审计，都为农村面源污染治理审计以政策执行为基本审计对象提供了有价值的实际参考。

以农村面源污染治理政策执行为审计基本对象，同时可以串联起资金、项目和部门这些对象，以政策执行为主线，多方面反映农村面源污染治理的情况，开展农村面源污染治理的综合性跟踪审计。

（三）农村面源污染治理跟踪审计的长期动态性

农村面源污染治理是一项长期性的工程。中共中央关于制定国民经济和社会发展第十三个五年规划的建议指出："加大环境治理力度……实行最严格的环境保护制度，形成政府、企业、公众共治的环境治理体系。推进多污染物综合防治和环境治理，实行联防联控和流域共治，深入实施大气、水、土壤污染防治行动计划……加大农业面源污染防治力度……"

跟踪审计，不是随意在某一个静止的点进入审计对象进行审计，而是伴随审计对象的动态变化实时跟踪审计。农村面源污染治理的长期性和治理政策的持续性，决定了农村面源污染治理审计的长期性和持续性。同时，污染治理是个动态的变化过程，一方面逐渐取得治理成果，另一方面治理期间又会出现新的问题，政策本身也会随着治理的形势而修订更改，所以农村面源污染治理审计又是动态的。国外发达国家环境审计的实践都有力地证明了环境治理跟踪审计的长期动态性，美国审计署对于面源污染治理已经进行了长达近50年的关注和跟踪监督，针对不同时期不同的特征聚焦于不同的问题，为国会提供了连续动态的实时信息和分析报告。

国家重大政策措施执行是一个纵向下达和横向联通的过程，需要中央部门和各级地方政府、部门紧密的协作与配合。农村面源污染治理政策执行的这些特征尤其突出。环境污染治理一般采用中央和地方共治的格局，中央部门根据政策法规要求，通常负责资金的拨付和监督检查，而地方政府和有关部门也承担相应的资金拨付责任，同时还要具体落实环境治理政策，最终达到政策效果。农村面源污染治理中央地方共治的局面，和农村面源污染治理政策执行审计的长期性和动态性，决定了农村面源污染治理审计，将是审计署与地方审计机关长期的保持合作关系的审计。

环境审计的合作审计，包括平行审计和联合审计两种方式。审计署 2009 年《关于加强资源环境审计工作的意见》中，在“不断创新资源环境审计方式与方法”部分指出：要积极开展合作审计，各级审计机关尤其是上级审计机关，要根据环境保护跨行政区域的特点，积极组织相关审计机关和协调相关主管部门，对水、大气污染防治等共同关注的区（流）域性生态环境事项，通过平行或联合审计的方式开展审计和审计调查，并建立协商机制，加强审计情况的协调、沟通与交流，促进跨行政区（流）域环境问题的解决。审计署驻地方特派办与地方审计机关需要建立一种长期交流沟通的机制，对农村面源污染治理政策执行进行长期动态的合作审计，审计信息、审计报告和审计督促整改等审计成果互相通报，结果共享。

二、建立农村面源污染治理的审计评价体系

为了适应政策执行主线的农村面源污染治理审计，可以围绕农村面源污染治理的政策措施、相关规定，建立农村面源污染治理的评价指标体系，开展污染治理的审计评价。

（一）农村面源污染治理的审计评价体系内容

世界审计组织第 15 届开罗大会认为，环境审计所注重的方面应当是披露环境资产和负债情况，检查对国内和国际法律法规的遵守情况，以及评价被审计单位为促进经济性、效果性和有效性而采取的各项措施是否适当等。

世界审计组织文件所形成的观念引领，与我国环境审计工作一贯积累的传统实践做法是一致的。长期以来。我国政府审计的审计内容和评价包含两个基本方面，即合法合规性和绩效性。农村面源污染治理审计的审计评价内容同样是合法合规性和绩效性。同时，在以农村面源污染治理政策执行为审计基本对象的跟踪审计之下，农村面源污染治理资金、项目、部门和政策执行都是审计的对象。将审计内容和审计对象结合，可以构建农村面源污染治理审计的评价体系：即农村面源污染治理资金的合法合规性和绩效性；农村面源污染治理项目的合法合规性和绩效性；农村面源污染治理部门的合法合规性和绩效性；农村面源污染治理政策执行的合法合规性和绩效性（见图 12）。

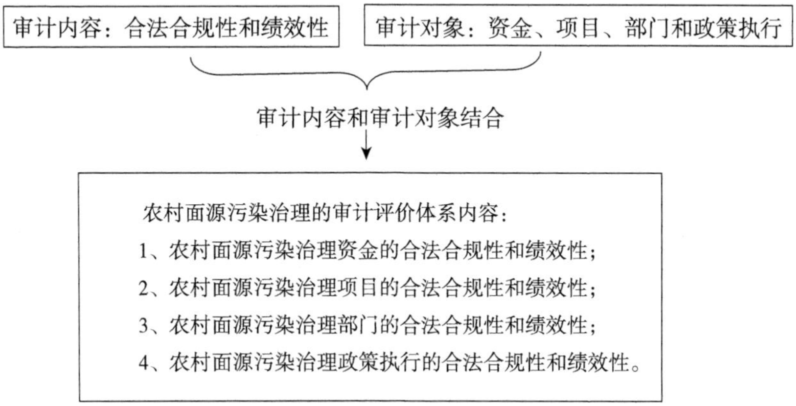

图 12　农村面源污染治理的审计评价体系内容

Figure 12 The auditing evaluation system of the rural nonpoint source pollution governance

（二）农村面源污染治理的审计评价体系构建

评价体系的构建分为资金、项目、部门和政策执行四个方面的合法合规性和绩效性，以相关指标作为具体的评价依据。

首先，是农村面源污染治理资金的合法合规性和绩效性。政府主导的环境污染治理模式下，财政资金以及其他公共资金是政府审计的重要对象。农村面源污染治理资金的合法合规性主要是资金的申报是否真实、资金的使用有无弄虚作假和挤占挪用等，农村面源污染治理资金的绩效性，按照资金投入、使用、取得成效三个环节，主要是资金到位率、资金到位及时性、资金投入率、化学农药每年减少量、农民施肥行为转变情况、农产品种植收益情况、水质达标率、畜禽养殖 COD 和氨氮排放量减少率等（见表 7）。

第二，是农村面源污染治理项目的合法合规性和绩效性。一些农村面源污染的治理通过治理工程项目实现，如进行生活污水循环利用的农村生活污水生态净化处理工程、建设大型沼气池的禽畜养殖废弃物处理工程、构建池塘养殖系统的水产养殖清洁工程、建设垃圾收集中转处理的农村生活垃圾处理工程等。农村面源污染治理项目的合法合规性除了像资金那样反映申报真实和使用规范之外，还需要反映项目的管理情况。管理因素是影响公共投资项目绩效的一个重要原因，包括建设管理和财务管理两个方面的因素（《公共支出绩效审计研究》课题组，2007），如项目的招投标情况、项目完工的验收管护情况、施工企业的内部控制情况。农村面源污染治理项目的合法合规性指标主要有：

资金利用率、擅自变更项目资金率、虚报完工量资金率、招投标合规率、项目内部控制制度执行率。项目的绩效性指标包括项目开工及时性、项目按时完工率、项目目标实现率（江苏省审计厅课题组，2013）、项目建成利用率、项目社会满意率（见表8）。

表7　农村面源污染治理资金的合法合规性和绩效性审计评价体系

Table 7 The auditing evaluation system of law compliance and performance in fund of the rural nonpoint source pollution governance

合法合规性	绩效性
1. 资金申报真实性：虚假申报资金总量 / 审计检查资金申报总量 2. 资金使用违法违规率：资金违法违规使用总量 / 审计检查资金投入总量 （违法违规指财务核算不真实、虚假预算、挤占挪用贪污等违法国家法律和财务制度的资金金额。）	1. 资金到位率：实际到位资金 / 全部预算资金 2. 资金到位及时性：按计划已到位资金 / 按计划应到位全部资金 3. 资金投入率：投入治理资金 / 实际到位资金 4. 化学农药每年减少率：（化学农药上年施用量 – 化学农药本年施用量）/ 化学农药上年施用量 5. 农民施肥行为转变情况：科学施用有机肥的农户 / 仍然过量施用化学肥料的农户 6. 农产品种植收益变化情况：科学施用有机肥的农户收益（成本）/ 推广施用有机肥之前的农户收益（成本） 7. 水质达标率：已达标水体流域面积 / 需要治理的全部水体流域面积 8. 畜禽养殖 COD 和氨氮排放量减少率：（上年排放量本年排放量）/ 上年排放量 （农村面源污染治理包括农田土壤、水域、畜禽养殖场、生活场所等多种污染承载体的治理，因而绩效指标也需要分别计算评价。）

第三，是农村面源污染治理部门活动的合法合规性和绩效性。部门活动主要是资金的预算分配、预算资金的执行、项目立项申报和管理，部门层面的审计评价更具有宏观性和综合性，能较好地反映国家总体的农村面源污染治理情况。这里的部门活动是指两个层次的部门，即负责组织财政资金分配的财政部门，和负责立项申报、资金下拨以及监督管理的农村环境治理部门，如环保部和农业部等。为进一步规范中央对地方专项转移支付绩效目标管理，提高财政资金使用效益，财政部已经于2015年印发了《中央对地方专项转移支付绩效目标管理暂行办法》，要求各有关部门（单位）按照各自职责，分工协作，做好专项转移支付绩效目标管理工作。因而，农村面源污染治理部门是否建立了有效的专项转移支付绩效目标管理，必然成为审计机关绩效审计的重要内容。同时，财政部2015年12月也启动了“中国财政支出政策绩效评价框架体系研究”项目（财政部，2015），从整体财政的视角研究提出中国财政支出政策绩效评价的框架体系，提高财政管理能力。这也为审计机关未来进行更深入的部门绩

效审计提供了依据。农村面源污染治理部门活动的合法合规性和绩效性，需要从组织和执行两个层次进行评价（见表 9）。

表 8　农村面源污染治理项目的合法合规性和绩效性审计评价体系

Table8 The auditing evaluation system of law compliance and performance in projects of the rural nonpoint source pollution governance

合法合规性	绩效性
1. 资金违法违规率：项目的违法违规资金 / 实际到位资金 2. 项目按时完工率：按期完工验收项目资金 / 全部项目资金 3. 虚报完工量资金率：虚报完工量资金 / 实际到位资金 4. 招投标合规性：违法违规招投标的项目资金 / 应当公开招投标的项目资金 5. 项目内部控制制度执行率：违反内部控制制度的项目资金 / 全部项目资金	1. 项目开工及时性：按时开工项目资金 / 全部项目资金 2. 项目按时完工率：按计划已到位资金 / 按计划应到位全部资金 3. 项目目标实现率： ①农村生活污水处理率：实际可达到污水处理量 / 项目设计处理能力 ②禽畜养殖废弃物处理率：实际可达到禽畜养殖废弃物处理量 / 项目设计处理能力 ③水产养殖清洁工程水循环处理率：实际可达到池塘循环水处理量 / 项目设计处理能力 ④农村生活垃圾处理率：实际可达到垃圾处理量 / 项目设计处理能力 4. 项目建成利用率：项目实际运行处理量 / 项目实际可达到处理量 5. 项目社会满意率：审计调查满意的受益人数 / 被调查的全部受益人数

表 9　农村面源污染治理部门的合法合规性和绩效性审计评价体系

Table9 The auditing evaluation system of law compliance and performance in departments of the rural nonpoint source pollution governance

合法合规性	绩效性
1. 部门预算执行违法违规率：部门违规挤占挪用农村面源污染治理预算资金 / 审计检查农村面源污染治理预算资金总额 2. 执行部门违规申报项目：违规申报相关项目资金 / 全部申报项目资金	一、财政部门： 1. 与农村面源污染治理相关的财政资金分配总量和结构是否符合环境保护法规的要求和农村面源污染治理形势需要。 2. 与农村面源污染治理相关的资金款项类别的设置是否合理。 3. 与农村面源污染治理相关的财政资金分配是否及时。 二、具体执行部门（如环保部、农业部等）： 1. 执行部门资金下拨的及时性：未按时下拨的与农村面源污染治理相关的资金总额 / 审计的与农村面源污染治理相关的资金总额 2. 相关治理专项资金的实际使用方向和覆盖面与规定是否相符。 3. 执行部门的治理活动是否切实履行了部门职责，达到了规定效果。 4. 执行部门是否建立了相关资金项目的管理制度，实行了绩效目标管理。

第四，是农村面源污染治理政策执行的绩效性。农村面源污染治理政策执行是农村面源污染治理审计的基本审计对象，以政策执行为主线，包含资金、项目、部门各要素。国家审计机关实施环境审计，应注重对国家的环境法规体

系的完善、有效性及执行环保政策和所产生的效益进行科学、合理、独立的评价（严飞，2007）。我国农村面源污染治理相关法规有：环境保护法、水污染防治法、固体废弃物污染环境防治法、农业法、禽畜养殖污染防治管理办法、测土配方施肥试点补贴资金管理暂行办法、中央农村环境保护专项资金管理暂行办法、畜禽养殖业污染物排放标准（GB18596-2001）、畜禽养殖业污染防治技术规范 HJ/T81-2001（《水环境审计指南》课题组 b，2011）。从广义上讲，对资金、项目、部门的审计，都是政策执行审计的组成部分。农村面源污染治理政策执行审计的实质是绩效审计，仅就政策执行审计而言，农村面源污染治理政策执行审计的关注点是其绩效性，包括政策贯彻落实的总体情况和具体情况（见表 10）。

表 10　农村面源污染治理政策执行的绩效性审计评价体系

Table 10 The auditing evaluation system of law compliance and performance in implementation of policys of the rural nonpoint source pollution governance

政策执行总体情况	政策执行具体情况
1. 中央各有关部门是否按照职责范围和任务分工，对农村面源污染治理政策制定了具体落实措施、进行了任务分解、建立了制度保障。 2. 各地区是否制定了具体措施和目标任务细化方案、明确了责任主体、建立了健全保障机制。 3. 农村面源污染治理政策落实的具体内容、执行进度和实际效果，是否遵循了政策要求，达到了政策效果，或者与政策要求存在什么差距。	1. 与农村面源污染治理政策落实直接相关的财政资金、信贷资金是否及时到位并投入使用，有无资金积压阻滞。 2. 与农村面源污染治理政策落实直接相关的项目是否按时开工、完成、投入使用，取得预期效果。 3. 与农村面源污染治理政策落实相关的部门是否切实履行了部门职责，有无不作为、慢作为、乱作为，影响政策落实进度。 4. 农村面源污染治理政策与其他政策法规是否相容，是否存在政策落实的体制机制障碍和制度瓶颈，包括与其他正在执行的制度法规的不衔接、不配套问题。

事实上，在审计实务中，审计评价非常复杂，仅仅通过一系列评价指标，确实为评价提供了客观的基础和量化的依据，但是，也往往难以总括被评价对象整体的全面状况。所以，在审计评价中，还要对评价对象进行更深层次的分析，既要以审计信息为基础，又要跳出审计看问题，从社会经济发展趋势、国家产业政策及其调整、单个主体行为模式等宏观、微观的理念进行多方面的考虑。农村面源污染表现形式多样，从形成污染的社会生产环节看，可以分为投入性污染和生产性污染，投入性污染比如农药化肥造成的面源污染，反映了生产要素的过度投入，其治理涉及生产要素的合理配置。生产性污染比如畜禽养殖污染，反映了产业结构方面的问题，其治理将涉及地方的产业结构调整和升

级转型。在参照上述体系进行审计评价时，政府审计还必须考虑地方的经济发展水平、资源禀赋、当地的农产品消费惯性等问题，才可能对政府管理部门和决策部门提出有参考价值的审计建议。

三、发布政府审计观点的农村面源污染治理研究报告

（一）发布政府审计观点的审计研究报告是审计机关的价值体现

根据审计结果和知识积累，从政府审计的视野发布具有研究性质的综合报告或者观察报告，为议会和相关政府机构提供预警、提出建议，是国外发达国家政府审计机关的主要职责，也是各国审计机关的战略发展目标之一，充分彰显了审计机关的价值。2010 年 10 月世界审计组织通过的《2011–2016 战略规划》指出：各国最高审计机关是本国民主制度的一个重要基石，在增强公共部门绩效，强化良好治理、透明度和责任原则的重要性方面发挥关键的作用……这有助于提升公众对最高审计机关的信任（INTOSAI，2010）。审计机关在自身职责范围内促进改善公共财务管理提高绩效的努力和成果，是“彰显最高审计机关的价值和作用”的重要衡量指征。这种价值彰显的有效方式之一，就是向立法机构和相关政府部门发布政府审计观点的研究报告，以政府审计的独立性、专业性和全面性进行宏观视野的概述和分析，描述形势发展预期，提出有效的建议作为立法和决策的参考。

意大利 1994 年 1 月 14 号第 20 号法律规定：审计法院在任何时候可以编制自己的观察报告（CORTE DEI CONTIb，2015）。向议会提供经济——财务审计的年度报告、特别报告，是意大利审计法院的一项审计职能，使议会即使是在财政年度期间，都有更多关于国家和公共财政的完整的和知情考虑的工具。审计法院的特别报告定期向议会发送财政领域特别重要的事项，如财政资源的管理等，以确保宏观经济决策能最大限度地预知可能的影响和结果（CORTE DEI CONTIc，2015）。澳大利亚已经建立起了十分完善的生态环境建设和保护的法律法规体系，澳大利亚审计署负有对法律的执行情况进行审计并发布审计报告的责任，以对政府的环境保护政策及其执行情况进行评价，并提出相关建议（耿建新、牛红军，2007）。综合研究报告是美国审计署的审计报告类型之一，具体包括“政府高风险目录”和大量的“综述与概览”。美国审计署二十多年来每隔两年发布一次“政府高风险目录（High Risk List）”，关注政府机构和项目中因为欺诈、浪费、滥用、管理不当带来的高风险，持续揭示政府运行的系

统性风险。美国审计署还通过“综述与概览”，系统和详细阐述问题的历史与现状，对联邦政府未来状况进行模拟预测，表达对未来债务不可持续和财政风险等社会经济前景的担忧。美国审计署最早于1970年7月，发布了关于面源污染的审计报告《自然资源与环境：在符合国家水质量目标方面面源污染的影响》，在1972年清洁水法案颁布之前，就开始关注了面源污染的问题。此后的连续近五十年，一直跟踪审计国家的面源污染治理情况，围绕联邦清洁水法案等法案的目标，发布多份相关研究型审计报告，促使联邦政府加强监管，完善相关措施规范，充分发挥政府审计的独特作用。

（二）开发农村面源污染治理的综合、连续的研究型审计报告

政府审计机关不承担具体的行政管理职能，因而能够作为公共利益的捍卫者，超脱既得利益的羁绊，站在独立的第三者的立场上，有条件完整收集、验证、整合、发布包括微观经济组织和行业领域的相关信息，客观、全面反映决策部门、执行部门权力履行情况和社会经济运行情况，来维持国家系统的良好运行，从而满足国家治理的需求（马志娟等，2015）。

相比国外先进国家的政府审计机关，我国政府审计机关成立晚，于1983年才正式成立国家审计机关，成立35年来在审计能力和审计水平方面都获得了长足的发展，政府审计的社会影响力不断提升。在审计报告方面，我国的政府审计报告严谨细致，揭示问题明确，审计建议具体。但是我国政府审计目前尚无公开发布的综合型审计研究报告，同时也就没有关于农村面源污染治理情况公开发布的专题审计报告。

目前发布关于农村面源污染治理的专题审计报告，还存在着一定的不便因素。政府财政审计与财政预算科目有着紧密的关联，通常按照科目的类款项进行审计。农村面源污染治理没有完全对应的科目，农村面源污染治理资金分散在不同的财政拨款类别中，因此难以对农村面源污染治理资金进行明确的审计。这一点不同于工业点源污染。我国财政有着明确指向点源污染治理的财政拨款，如1998年环保总局已有“工业点源污水流动式工厂处理技术科研与示范工程”，2007年环境保护部已有“全国污染源普查工业污染源产排排污系数核算项目”。没有明确对应的审计内容，为政府审计发布农村面源污染治理情况审计报告带来了困难。

但是，农村面源污染形势严峻，其治理资金、项目、政策执行等情况又缺乏全面完整反映，不利于国家从宏观和动态的视野了解情况、完善制度、推动

治理。审计机关应当致力于改变这种局面。就审计署层面而言，在我国当前农村面源污染治理审计尚未发生变革的条件下，审计署可以从常规进行的对环境保护部、农业部等部门的审计结果、相关专项资金的审计结果、以及国外援贷款项目年度公证的审计结果、自然资源资产离任审计的结果中，进一步整理归纳，获得农村面源污染治理的总体情况，发布系列审计报告。未来政府审计一方面开展以政策执行为主线的农村面源污染治理综合性动态跟踪审计，另一方面应当随之发布跟踪审计报告，全面动态反映农村面源污染治理情况和效果。

更进一步，我国政府审计还应当开发并发布研究型的审计报告。所谓研究型审计报告，是政府审计在日常审计发现的基础上，结合审计机关、政府、立法机构、社会公众关注的重大问题，如经济安全、国家财政、环境保护、民生保障等，以专题报告的形式进行比较全面深入的综合和分析，对有关现行政策执行情况进行评价，提出审计机关客观独立的建议。此时的政府审计机关，已经不仅是单一的审计机构，还是专业的研究机构，发挥在国家治理中的重要作用。目前我国政府审计还没有公开发布这样的研究型审计报告。对于农村面源污染治理问题，未来政府审计可以定期以若干审计报告和长期观察为基础，综合其他部门的资料数据，并充分运用地方审计机关的相关审计成果，以环境政策为导向，发布农村面源污染治理综述性的审计研究报告，通过政府审计独立的视角，反映治理现状、存在问题和对策建议，为政府推进环境治理、完善环境政策提供坚实可靠的依据。

四、对农村面源污染治理进行审计追责问责

党的决议明确了审计是党和国家监督体系的组成部分，强化对行政权力的制约和监督。在领导干部经济责任审计、领导干部自然资源资产离任审计、领导干部环境保护责任离任审计中，审计结果客观上为规范权力行使、推进依法行政、反腐倡廉、领导干部选拔任用等方面发挥了积极的作用，也成为制约权力和责任追究的重要依据。习近平总书记强调，各级领导干部在推进依法治国方面肩负着重要责任，全面依法治国必须抓住领导干部这个“关键少数”。就审计而言，通过对领导干部进行责任履行审计，从“关键少数”的领导干部的责任入手，对违法违纪和不作为慢作为开展追责问责，是审计在监督体系中重要意义的体现，是审计在国家治理中的作用机理的体现。

审计署 2015 年度绩效报告反映：2015 年，审计署移送重大违纪违法问题

线索和事项905件、涉及人员5750人；提交审计报告和专题报告2775篇，提出审计建议1456条；组织全国审计机关对各地区、各部门贯彻落实稳增长、促改革、调结构、惠民生、防风险政策措施落实情况进行了跟踪审计，向国务院上报审计报告和专题报告30多篇，向社会发布审计结果公告6篇，国务院办公厅组织对部分典型事例进行了追责问责。

从制度与行为的关系来说，制度就是维持共享信念的系统，它当然是行为规则（董志强，2008），体现了人们对规则的认知——给定其他人遵守规则我也最好要遵守这项规则。一旦共享信念得不到维持，那么制度就会坍塌。杨华磊（2013）认为：行为发生的语境一旦出现，个体就自觉或者不自觉的采取编码的行为模式加以响应。社会外部的惩罚和激励是保障制度稳定性的原因之一：如果执行某种行为模式，将获得社会的奖励；如果不执行某种行为模式，将遭到社会惩罚。强化审计对权力运行的制约和监督，运用包括审计结果在内的考核评价体系对领导人进行履责认定和追责问责，是巩固国家各项制度建设，使法律法规得以遵守、政策措施得到落实取得成效的保障。

在农村面源污染治理方面，国家通过各项法律和法规、部门规章如环境保护法、水污染防治法、十三五规划、推行河长制等，明确了治理的目标、措施、责任制、考核评价和处罚。审计机关通过财政审计、资源环境审计、政策措施落实审计、领导干部经济责任审计、领导干部自然资源资产离任审计等相关审计活动，发现问题、提出整改建议、加大问责力度，做到应审尽审、凡审必严、严肃问责，推动农村面源污染治理目标的实现。

第九节　本章小结

我国农村面源污染治理审计可以通过部门预算执行审计、财政转移支付审计、农业审计、资源环境审计、经济责任审计、领导干部自然资源资产离任审计、政策措施落实审计等审计项目得以实现。农村面源污染治理审计实施的组织方式，可以是单一式审计，更多的是合作式审计和并入式审计。农村面源污染治理从审计内容看，可以分为合法合规性审计和绩效审计。从我国历年发布的审计结果公告来看，我国农村面源污染治理审计是通过预算执行审计等多种审计方式进行的，有关面源污染治理的审计开展较少，注重合法合规性审计，同时正在突出绩效审计。当前缺乏比较全面的农村面源污染治理审计，绩效审计开展尚不深入。我国农村面源污染治理审计的改善需要从四个方面入手，一是对农村面源污染治理以政策执行为基本对象进行长期综合跟踪审计，二是建立农村面源污染治理的审计评价体系，三是发布政府审计观点的农村面源污染治理研究报告，四是对农村面源污染治理进行审计追责问责。

第七章　结论与讨论

第一节　本书的主要结论

在我国农村面源污染问题日趋严重的背景下，本书以归纳和实证方法，从政府审计的视角，研究了我国农村面源污染治理审计。政府审计是国家治理的重要组成部分，是国家治理中的一项制度安排。政府审计通过对资金、项目、机构和政策执行情况的检查、监督、分析、评价，为政府和立法机构提供信息和提出见解，推动国家治理的完善。在我国的农村面源污染治理中，政府审计通过开展对预算资金、专项资金、政府机构、项目单位、政策执行、领导人经济责任的相关审计，发现了农村面源污染治理中的违法违规问题，推动进行整改，并对一些相关治理活动进行了审计评价。我国当前与农村面源污染治理有关的审计开展不够充分，且审计结果多表现在合法合规性方面，但是也正在不断突出绩效性的内容。由于一些前置问题的存在，我国农村面源污染治理的政府审计相比发达国家，还存在一些不足之处，缺乏比较全面的农村面源污染治理审计，审计的绩效性内容也不全面，同时缺乏长期性的跟踪审计，导致无法动态反映农村面源污染治理的长期活动及其效果，无法提出全局和长远观点的审计建议。

结合国家的农村面源污染治理进程，为更好服务于国家治理，未来政府审计可以以农村面源污染治理政策执行为基本审计对象，对农村面源污染治理进行长期综合跟踪审计，建立全面科学的农村面源污染治理的审计评价体系，并根据审计发现和知识积累，发布政府审计观点的农村面源污染治理审计研究报告，为政府和立法机构提供可靠的信息和政策建议，推动农村面源污染治理取得更加富有实效的成果。

第二节 进一步的讨论

由于在全部审计实践中有关农村面源污染治理审计开展较少，以及认知能力有限，对一些问题还缺乏更系统全面的进一步分析和更深入细致的进一步研究。第一，在建立全面科学的农村面源污染治理的审计评价体系部分中，一些问题还有待进一步深化研究和探讨。建立审计的评价体系是审计机关进行绩效审计的必要基础，但是审计对象总是情况复杂，评价体系并不能做到完全科学客观全面。比如关闭畜禽养殖场可以使面源污染的评价达到满意的效果，但是所带来的产业结构调整、转型成本应当如何计量，如何在政策配套和完善方面依据审计评价，为政府决策者提出更加合理的审计建议，正是政府审计评价体系所要完善的地方。第二，对于国外面源污染治理审计制度的认知，还需要更加充分的学习和总结。限于资料的获取和对国外环境法律、治理体系缺乏深入的理解，国外如欧盟主要国家、其他发展中国家面源污染治理中政府审计的职责、具体做法、作用、产生的社会效应等实际情况还是不够全面和丰富，也影响了我国政府审计从中获得有价值的信息以资借鉴。这些问题可以成为今后深入探讨的研究课题。

参考文献

[1] 丁一，赖珺.城乡统筹视角下的农村面源污染防治研究——以滇池流域农村水污染治理为例.农村经济，2011，(8)：49-53

[2] 丁文国，王晓梅，刘红艳.治理农业面源污染开展农村清洁工程建设.农业与技术，2011，(1)：13-15

[3] 丁镇棠，程书萍，刘小峰.大型公共工程环境审计研究.审计研究，2011，(6)：51-58

[4] 人民网."癌症村"频出 防治重金属污染刻不容缓.http：//finance.people.com.cn/nc/GB/15905888.html，2011

[5] 广东省审计厅，广西壮族自治区审计厅.最大限度挖掘问题线索.中国审计，2010，(13)：18-20

[6] 王会金.现代审计理论体系框架结构之研究.审计研究，2004，(3)：41-44

[7] 王会金.协同审计：政府审计服务国家治理的新方式.中国审计评论，2014，(1)：16-29

[8] 王岱，张文忠，余建辉.环境整治与农业经营矛盾中的农户行为和行政调控.地理研究，2011，30(9)：1725-1735

[9] 王珍，王平.发展循环农业治理农村面源污染.宏观经济管理，2006，(8)：46-47

[10] 王丽，王燕云，吴晓红等.区域性水环境绩效审计评价指标体系的构建及其运用研究.科技情报开发与经济，2013，(11)：137-144

[11] 王强a.政府治理的现代视野.北京：中国时代经济出版社，2010.198

[12] 王强b，政府治理的现代视野.北京：中国时代经济出版社，2010.204

[13]《水环境审计指南》课题组a.水环境审计指南.北京：中国时代经济出版社，2011.112-123《水环境审计指南》课题组b，水环境审计指南.北京：中国时代经济出版社，2011.206

[14] 中国审计署环境审计与可持续发展课题组.环境审计与可持续发展.北京：中国时代经济出版社，2013.22

[15] 中国经济网.中华人民共和国国民经济和社会发展第十二个五年规划纲要.www.ce.cn，2015

[16] 中国养殖业网.海口市将严格限制南渡江流域规模养殖畜禽.http：//www.qx100.com.cn，2007

[17] 马正凯，黄晓波. 审计理论框架的构建及分析. 赤峰学院学报（自然科学版），2011，（2）：101-104
[18] 马志娟，韦小泉，刘世林. 我国国家审计信息需求研究. 会计研究，2015，（12）：81-86
[19] 文心田，黄永，杨万勤. 积极发展现代生态农业 加快解决农村面源污染. 决策咨询，2011，（2）：50-51
[20] 文传浩，张丹，铁燕. 农业面源污染环境效应及其对新农村建设耦合影响分析. 贵州社会科学，2008，（4）：91-96
[21]《公共支出绩效审计研究》课题组. 公共支出绩效审计研究. 北京：中国时代经济出版社，2007.135
[22] 白玉华，郭岩，张岩. 我国农村水环境面源污染原因及对策分析. 给水排水，2009，（S1）：27-31
[23] 冯克亮. 浅谈海洋的面源污染. 海洋环境科学，1984，3（1）：78-79
[24] 李凤鸣. 审计学原理（第四版）. 上海：复旦大学出版社，2008.1-2
[25] 史龙新，李向阳，王宁等. 太湖地区农村面源污染控制技术与对策. 中国水利，2006，（17）：11-12、46
[26] 史永松，张建荣. 规模化养猪场的废水污染及综合治理措施. 环境科学与管理，2007，32（7）：103-105
[27] 让 - 皮埃尔 · 戈丹（Jean-Pierre Gaudin）. 钟震宇译. 何谓治理. 北京：社会科学文献出版社，2010.14
[28] 叶铁桥. 重金属污染事件频发. 中国青年报，2012，2 月 1 日 07 版
[29] 江苏省审计厅课题组. 农村环境绩效审计评价指标体系构建及其应用研究. 审计月刊，2013，（11 期）：9-12
[30] 江苏省审计厅课题组. 环境责任审计研究. 审计署审计科研所审计研究报告，2013，第 19 期
[31] 刘文英，刘坚，胡正义. 农村面源污染控制系统的长效运行评价模型研究. 湘潭大学自然科学学报，2010，32（2）：103-107
[32] 刘家义. 国家审计与国家治理——审计署刘家义审计长在华盛顿的讲话摘要（2011 年 7 月 15 日）. 工业审计与会计，2011，（5）：2-4
[33] 刘永德，何品晶，邵立明. 太湖流域农村生活垃圾面源污染贡献值估算. 农业环境科学学报，2008，27（4）：1442-1445
[34] 刘超. 水权制度在治理农村面源污染中绩效的检讨及对策，河南司法警官职业学院学报，2008，6（3）：86-88
[35] 刘铮. 中国特色的国家审计项目组织结构研究. 当代财经，2013，（8）：121-128
[36] 刘静. 审计结果公告的公民参与策略研究. 审计研究，2015，（2）：48-55
[37] 闫艳，李玉芳，高杰. 江苏全面治理太湖流域农业面源污染. 江苏省环保厅官方网站 http：//www.jshb.gov.cn，2009

[38] 亚洲审计组织网站. 国际环境审计概况.http：//www.asosai.org，2003
[39] 朱玫. 河长制，发源于无锡，成长在全国. 环境经济，2016（Z8）：17–18，46–47
[40] 朱旭峰，王笑歌. 论“环境公平”. 中国行政管理，2007（9）：108
[41] 吕忠梅等. 农村面源污染控制的体制机制创新研究——对四湖流域的法社会学调查报告. 中国政法大学学报，2011，（5）：59–159
[42] 余进祥，刘娅菲. 农业面源污染理论研究及展望. 江西农业学报，2009，21（1）：137–142
[43] 张水铭，马杏法. 苏南太湖地区农业面源磷的污染. 土壤.1995，（3）：141–143
[44] 张庆龙. 政府透明与国家审计结果公开. 当代财经.2005，（4）：126–128
[45] 张克强. 农村面源污染及其防治措施. 农业工程技术（新能源产业），2008，（5）：27–30
[46] 张克强，黄治平，王风等. 农村面源污染及其防治措施，农业工程技术（新能源产业），2010，（2）：22–27
[47] 张和平，白贞爱，张昌楠等. 农村面源污染治理刻不容缓. 科技信息，2009，（29）：1041–1043
[48] 张杰丽，林涛，毕永君. 农村面源污染治理建议与对策. 辽宁城乡环境科技，2006，26（4）：11–12
[49] 张岩. 我国林业工程审计制度框架构建研究. 北京：经济管理出版社，2010.9
[50] 张宏华，李蜀庆，杜军等. 农业面源污染模型 AGNPS 的应用现状及在我国应用的展望. 重庆环境科学，2003，25（12）：188–190
[51] 张炳功，崔振龙等. 审计项目组织模式创新研究. 中国审计研究报告 2012，北京：中国时代经济出版社，2013.222
[52] 张晓松，聂妍婧. 关注资源浪费 揭露环境污染. 资源与人居环境，2009，（20）：54
[53] 张维理，武淑霞，冀宏杰等. 中国农业面源污染形势估计及控制对策. 中国农业科学，2004，（7）：1008–1017
[54] 张维理，冀宏杰，Kolbe H. 等. 中国农业面源污染形势估计及控制对策Ⅱ欧美国家农业面源污染状况及控制. 中国农业科学，2004，37（7）：1018–1025
[55] 张嘉涛 a. 江苏“河长制”的实践与启示. 中国水利，2010（12）：13–15，21
[56] 张嘉涛 b. 江苏“河长制”的实践与启示. 中国水利，2010（12）：13–15，21
[57] 赵爽. 我国农地土壤面源污染防治立法的现状、问题与进路. 生态经济（学术版），2009，（1）：403–407
[58] 李立新，张亚. 农业面源污染防治新进展. 环境与可持续发展，2010，（6）：41–44
[59] 李秀芬，朱金兆，顾晓君等. 农业面源污染现状与防治进展. 中国人口·资源与环境，2010，（4）：85–88
[60] 李海鹏. 中国农业面源污染的经济分析与政策研究. 华中农业大学博士学位论文，2007，1
[61] 李璐，张龙平.WGEA 的全球性环境审计调查结果：分析与借鉴. 审计研究，2012，

（1）：33–39
［62］肖萍、朱国华．农村面源污染治理契约体系．江苏农业科学，2015，（12）：419–422
［63］吴联生．利益协调与审计制度安排．审计研究，2003，（2）：16–21
［64］罗必良．新制度经济学．太原：山西经济出版社，2005.91–94
［65］罗伯特·K·莫茨，侯赛因·A·夏拉夫．文硕等译．审计理论结构（1961），北京：中国商业出版社，1990.89–148
［66］罗延龄，倪燕．新农村建设中的农业面源污染现状、问题及分析对策．环境科学导刊，2010，29（2）：29–31
［67］易丽丽．美国政府责任署人力资源管理改革与创新．中国行政管理，2011，（12）：92–95
［68］周健，张永祥，段佐亮．公元2020年农村面源污染控制战略目标研究．国外农业环境保护，1993（3）：24–26
［69］周中胜．公共治理理论视角下的政府审计环境．审计与经济研究，2009，（2）：35–39
［70］周薇薇，刘正午．农村环境效益审计探讨．审计与经济研究，2008，（3）：47–51
［71］凯思·麦基．丁煌译．建设更好的政府：建立监控与评估系统．北京：中国人民大学出版社，2009.12–15
［72］严飞．关于水环境效益审计若干问题的探讨．审计研究，2007，（5）：20–23
［73］辛均庆，任宣．广佛跨界河流、茅洲河、练江、淡水河、石马河整治均未达标，三级人大监督“河长制”启动．南方日报，2016.10月28日，第A10版
［74］佚名．苏州率先推行“环境效益审计”．领导信息决策，2007，（46）：18
［75］财政部．世界银行支持中国财政支出绩效评价体系研究项目正式启动．财政部网站http：//www.mof.gov.cn/index.htm，2015
［76］杨立斌．中国农村面源污染多中心治理问题研究，东北林业大学博士论文，2012，I
［77］杨丽娟，叶睿．我国政府审计结果公告制度的国际比较及改进．商业会计，2012，（4）：45–47
［78］杨华磊．制度与行为的自然基础———经济学的自然学派和社会学派的融合．人文杂志，2013，（12）：34–40
［79］岳世忠，杨肃昌．国外环境审计与环境报告的发展．兰州大学学报（社会科学版），2008，（6）：119–123
［80］法制晚报记者.10省试点离任“生态审计”．法制晚报，2014，11月13日
［81］陈平泽．中央部门预算审计研究．北京：中国时代经济出版社，2012.142
［82］陈冬梅．生态环境治理政府主沉浮——论政府在生态环境治理主体中的核心地位．沈阳工程学院学报（社会科学版），2011，7（2）：206–208
［83］陈红．治理农村面源污染地方政府联动的行为博弈．学术交流，2010，（2）：78–84
［84］陈红，马国勇．农村面源污染治理的政府选择．求是学刊，2007，34（2）：56–62
［85］陈华东，施国庆．基于农村劳动力转移的农业面源污染模型分析．科技进步与对策，2009，2（2）：8–10

[86] 环保部.重点流域水污染防治规划（2011-2015 年）.环保部网站 http：//www.zhb.gov.cn/，2015
[87] 审计署.审计结果公告：2009 年第 13 号："三河三湖"水污染防治绩效审计调查结果.审计署官方网站 http：//www.audit.gov.cn，2009
[88] 审计署.审计结果公告：2013年第16号公告：10个省1139个节能减排项目审计结果.审计署官方网站，http：//www.audit.gov.cn，2013
[89] 审计署.审计署绩效报告（2014 年度）.审计署官方网站 http：//www.audit.gov.cn，2015
[90] 审计署.2015 年第 28 号公告：2015 年 7 月稳增长促改革调结构惠民生防风险政策措施贯彻落实情况跟踪审计结果.审计署官方网站 http：//www.audit.gov.cn，2015
[91] 审计署.2015 年第 30 号公告：2015 年 8 月稳增长促改革调结构惠民生防风险政策措施贯彻落实跟踪审计结果.审计署官方网站 http：//www.audit.gov.cn，2015
[92] 审计署.2015 年第 32 号公告：2015 年 10 月稳增长促改革调结构惠民生防风险政策措施贯彻落实跟踪审计结果.审计署官方网站 http：//www.audit.gov.cn，2015
[93] 审计署兰州特派办理论研究会课题组.大型审计项目组织方式的实践经验和创新思路.审计研究，2015，（2）：29–35
[94] 审计署审计科研所.审计研究资料（第一期），2004.88–97
[95] 审计署审计科研所.我国效益审计的基本类型与实践特点.审计研究简报第 16 期（总第 160 期），2007.12 月 5 日
[96] 审计署审计科研所.矩阵型组织结构在审计项目管理中的应用.审计理论前沿 2012，北京：中国时代经济出版社，2013.3
[97] 审计署审计科研所 a.世界主要国家和国际组织审计概况.北京：中国时代经济出版社，2014.6–7
[98] 审计署审计科研所 b.世界主要国家和国际组织审计概况.北京：中国时代经济出版社，2014.488
[99] 审计署法规司，审计署驻哈尔滨特派员办事处.美国政府审计准则.北京：中国时代经济出版社，2011.1
[100] 宋常，周长信，黄蕾.我国地方审计机关审计结果公告研究.当代财经，2009，（9）：121–126
[101] 柯武刚，史漫飞.制度经济学——社会秩序与公共政策.北京：商务印书馆，2000.398
[102] 高良敏，陆根法.新农村建设中面源污染控制的社会经济问题研究.安徽农业科学，2010，38（36）：20872- 20874
[103] 郑涛，穆环珍，黄衍初等.非点源污染控制研究进展.环境保护，2005，（2）：32–35
[104] 范仓海.中国转型期水环境治理中的政府责任研究.中国人口・资源与环境，2011，（9）：1–7
[105] 俞可平.治理与善治.北京：社会科学文献出版社，2000.1–15
[106] 国务院发展研究中心.中国主要污染物排放进入转折期.专刊 63 期（总 1373 期），2014

[107] 唐任伍，李澄 . 元治理视阈下中国环境治理的策略选择 . 中国人口 · 资源与环境，2014，24（2）：18–22
[108] 唐寿宁 . 个人选择与投资秩序 . 北京：中国社会科学出版社，1999
[109] 唐洋、阳秋林、邱奇彦 . 环境审计在湘江流域重金属污染治理中的作用机制及实施路径研究 . 湖南财政经济学院学报，2013，（12）：81–86
[110] 祝圣训，黄惠琴，沈征 . 环境审计——全球的发展前景 . 审计研究，1996，（2）：4–7
[111] 袁广达 . 环境保护效益审计及其评价 . 财会月刊，2006，（7）：59–60
[112] 袁铭道 a. 美国水污染控制和发展概况 . 北京：中国环境科学出版社，1986.1–2
[113] 袁铭道 b，美国水污染控制和发展概况 . 北京：中国环境科学出版社，1986.13–14
[114] 袁铭道 c，美国水污染控制和发展概况 . 北京：中国环境科学出版社，1986.19–20
[115] 徐国梅，张雷 . 农村水环境面源污染的思考与几点对策 . 环境科学与管理，2011，（5）：14–17
[116] 徐政旦 . 审计理论框架结构研究 . 上海市经济管理干部学院学报，2004，（1）：53–58
[117] 徐建成 . 农村面源污染问题治理研究 . 绿色科技，2010，（11）：89–91
[118] 浙江省审计学会课题组 . 太湖流域水污染综合治理环境审计实证研究 . 审计研究，2004，（1）：57–62
[119] 陶火生，宁启超 . 环境治理中的政府领导责任探析 . 沈阳干部学刊，2011，13（1）：22–24
[120] 陶雪琴，郭琇，饶国梁等 . 欠发达地区农村面源污染现状调查与分析——以广东省新丰县梅坑镇为例 . 江苏农业科学，2011，39（3）：535–537
[121] 黄昌兵 . 次级河水环境治理绩效审计大格局研 . 中国内部审计，2015，（9）：88–91
[122] 逯元堂 . 中央财政环境保护预算支出政策优化研究 . 财政部财政科学研究所博士论文，2011.56
[123] 逯元堂，吴舜泽，朱建华 . 中央财政环境保护专项资金优化设计探讨 . 中国人口 · 资源与环境，2010，20（3）：424–427
[124] 斯蒂芬 · P · 罗宾斯 . 管理学 . 北京：中国人民大学出版社，1998.6
[125] 曼瑟 · 奥尔森 . 权力与繁荣 . 上海：世纪出版集团 上海人民出版社，2005
[126] 崔振龙，王长友 . 跟踪审计 . 北京：中国时代经济出版社，2014.4
[127] 耿建新，牛红军 . 关于制定我国政府环境审计准则的建议和设想 . 审计研究，2007，（4）：8–14
[128] 基恩 · 多达罗 . 审计在帮助应对国家、国际动态挑战中的作用不断演进 . 中国审计，2013，（23）：29–34、64
[129] 常颖 . 审计资源配置的要素及其优化 . 中国审计报，2007 年，5 月 28 日第 008 版
[130] 董志强 . 制度及其演化的一般理论 . 管理世界，2008，（5）：151–165
[131] 韩兆坤 . 协作性环境治理研究，吉林大学博士论文，2016 年，第 23 页
[132] 韩洪云，杨曾旭，蔡书楷 . 农业面源污染治理政策设计与选择研究 . 杭州：浙江大学出版社，2013.3

[133] 韩喜平，谢振华.浅析农户行为与环境保护.中国环境管理，2000，(6)：27-28

[134] 谢志华、陶玉侠、杜海霞.关于审计机关环境审计定位的思考.审计研究，2016，(1)：11-16

[135] 新华日报.注重绩效：审计转型升级的历史坐标.2010，3月18日

[136] 新华日报.环保落实"党政同责"，"河长制"率先探路.2015，11月17日第005版

[137] 新华网.审计署就"三河三湖"水污染防治绩效审计调查结果答问.http：//news.xinhuanet.com/environment/2009-10/28/content_12347213.htm，2009

[138] 新华网.环保部：农村污染排放已占全国"半壁江山".http：//news.xinhuanet.com/2011-06/03/c_121494133.htm，2011

[139] 新华网."死猪事件"敲响养殖业污染警钟.http：//news.xinhuanet.com/politics/2013-03/21/c_115112674.htm，2013

[140] 新华社.全覆盖·促整改·助落实——就《国务院关于加强审计工作的意见》访审计署副审计长孙宝厚，2014

[141] 蔡春.受托经济责任的拓展与效益审计和环境审计的创新.财会学习，2007，(8)：19-20

[142] 蔡春，陈晓媛等.环境审计论.北京：中国时代经济出版社，2006.24

[143] 蔡新源.农村面源污染的特点和控制.科技咨询，2009，(11)：113

[144] 廖义刚，陈汉文.国家治理与国家审计：基于国家建构理论的分析.审计研究，2012，(2)：9-13

[145] 谭绮球，苏柱华，郑业鲁.国外治理农业面源污染的成功经验及对广东的启示.广东农业科学，2008，(4)：67-71

[146] 楼继伟.关于2013年中央决算的报告——2014年6月24日在第十二届全国人民代表大会常务委员会第九次会议上.财政部网站 http：//www.mof.gov.cn/index.htm，2014

[147] 熊亚明，程书萍.大型国家工程综合审计组织模式及流程研究.审计月刊，2010，(4)：7-9

[148] 黎元生.农户行为与耕地保护.福建师大福清分校学报，1999，(1)19-23

[149] Brian M. Dowd，Daniel Press，Marc Los Huertos.Agricultural nonpoint source water pollution policy：The case of California's Central Coast. Agriculture，Ecosystems and Environment，Volume 128，Issue 3，November 2008，151-161

[150] Edwin D. Ongley.Control of water pollution from agriculture.Food and Agriculture Organization of the United Nations，Rome，M-56，ISBN 92-5-103875-9，http：//www.fao.org/docrep/W2598E/w2598e04.htm，1996

[151] GAO.Natural Resources and Environment：Impact of Nonpoint Source Pollution on Meeting National Water Quality Goals.Published：Jul 17，1970. Publicly Released：Jul 17，1970，http：//www.gao.gov，1970

[152] GAO.National Water Quality Goals Cannot Be Attained without More Attention to Pollution from Diffused or 'Nonpoint' Sources1977.CED-78-6：Published：Dec 20，1977. Publicly

Released: Dec 20, 1977, http: //www.gao.gov, 1977

[153] GAOa.THE IMPACT OF NONPOINTS SOURCE POLLUTION ON MEETING NATIONAL WATER QUALITY GOALS.TUESDAY.JULY 17, STATEMENT OF ELMER B.STAATS, COMPTROLLER GENERAL OF THE UNITED STATES, BEFORE THE SUBCOMMITTEE ON OVERSIGHT AND REVIEW HOUSE COMMITTEE ON PUBLIC WORKS AND TRANSPORTATION, http: //www.gao.gov, 1979

[154] GAOb.Impact of Nonpoint Source Pollution on Meeting National Water Quality Goals. Published: Aug 30, 1979. Publicly Released: Aug 30, 1979. http: //www.gao.gov, 1979

[155] GAO.Water Pollution: Greater EPA Leadership Needed to Reduce Nonpoint Source Pollution, RCED–91–10: Published: Oct 15, 1990. Publicly Released: Nov 15.http: // www.gao.gov, 1990

[156] GAO.GAO: Working for Good Government Since 1921.http: //www.gao.gov/about /history/ articles/working–for–good–government/01–introduction.html, 2001

[157] GAO.Nonpoint Source Water Pollution: Greater Oversight and Additional Data Needed for Key EPA Water Program.GAO–12–335: Published: May 31 2012 .Publicly Released: Jul 2 2012, http: //www.gao.gov, 2012

[158] GAO.Natural Resources and Environment: Funding for 10 States' Programs Supported by Four Environmental Protection Agency Categorical Grants.GAO–13–504R: Published: May 6, 2013. Publicly Released: May 21, 2013, http: //www.gao.gov, 2013

[159] GAO.Clean Water Act: Changes Needed If Key EPA Program Is to Help Fulfill the Nation's Water Quality Goals.GAO–14–80: Published: Dec 5, 2013. Publicly Released: Jan 13, 2014, http: //www.gao.gov, 2014

[160] GAOa.About GAO.http: //www.gao.gov/about/index.html, 2015

[161] GAOb.Rural Water Infrastructure: Federal Agencies Provide Funding but Could Increase Coordination to Help Communities.GAO–15–450T: Published: Feb 27, 2015. Publicly Released: Feb 27, 2015.http: //www.gao.gov, 2015

[162] G.D. Agrawal.Diffuse agricultural water pollution in India.Water Science and Technology, Volume 39, Issue 3, 1999, 33 – 47

[163] NAO.Environment Agency: Tackling diffuse water pollution in England.Report by the Comptroller and Auditor General, HC 188, Session 2010 – 2011, 8 july 2010, 2010

[164] NAO. Briefing for the House of CommonsEnvironmental Audit Committee, JUNE 2014, 2014

[165] INTOSAI.STRATEGIC PLAN 2011–2016.http: //www.intosai.org, 2010

[166] NAO.Climate change NAO Briefing: Environmental protection.http: //www.nao.org. uk, 2014

[167] OECD.Development Assistance committee Orientations on Participatory development and good governance.Paris: OECD/GD (93) 191, 1993: 14

[168] Paul Kay, Anthony C. Edwards, Miles Foulger.A review of the efficacy of contemporary agricultural stewardship measures for ameliorating water pollution problems of key concern to

the UK water industry.Agricultural Systems, Volume 99, Issues 2 - 3, February 2009, 67–75

[169] Philippe De Moor, Ignace De Beelde.Environmental Auditing and the role of the Accountancy Profession: A Literature Review.Environmental Management, 2005, 36 (2): 205–219

[170] Sinclair–Desgagne, Bernard & Gabl, H.Landis.Environmental Auditing in Management System and Public Policy.Jounal of Environmental Economics and Management, Elsevier, July, 1997, vol.33 (3), 331–346

[171] Vladimir Novotny.Diffuse pollution from agriculture——A worldwide outlook.Water Science and Technology, Volume 39, Issue 3, 1999, 1–13

[172] World Bank.Governance and Development.Washington DC, 3, 1992

[173] CORTE DEI CONTIa.Italian "Corte dei conti" .story.organization and functions. http: //www.corteconti.it/english_corner/, 2015

[174] CORTE DEI CONTIb.LAW 14TH JANUARY 1994, NO. 20.http: //www.corteconti.it/english_corner/, 2015

[175] CORTE DEI CONTIc.Italian "Corte dei conti" .story.organization and functions. http: //www.corteconti.it/english_corner/, 2015

后 记

还是在华南农业大学经济管理学院作副教授的时候，身处农业大学所感受到的浓郁的“三农”研究气氛，和多年讲授会计审计课程所沉积的审计专业认知，觉得有必要研究一下与农业审计有关的问题。多年前的一个冬季，因为承担广东省审计厅的立项课题，我跟随做审计项目的广东省审计厅农业与资源环境审计处的同志，到广东农村进行调研，亲历了他们的工作过程，体验了农业审计的辛苦，由衷钦佩他们的敬业精神和业务能力。更重要的是，我得以有机会观察国家财政资金和农业项目在农村的运行情况，了解政府部门有关机构的管理状态，感受在农村发展进程中政府审计职责之重。南国的冬日暖阳，让广袤的田野充满生机，也令我想到这些美好的景象，还需要精心细致的维护和保障，才能让等待成为收获，让惠农政策的阳光照亮前行之路。于是我决定选择农村面源污染治理审计作为研究课题——农村面源污染在我国当前的农村环境问题中实在是太严重了。

在构思准备之时，我从大学调到了国家审计机关的科研所，这使我在进行审计科研的同时，不仅能够更加近距离地了解审计实务，而且还投身其中，参与了若干个审计项目，对国家审计有了更新的认识，也学会了从经济社会发展的宏观视角，和国家现行的行政治理架构，比较理性地分析问题。我一边努力做好单位的审计科研本职工作，一边从容地进行着我的写作。在研究过程中，我得到了我的导师、华南农业大学经济管理学院赖作卿教授的指导和点拨，导师的修养和学问令我钦佩，导师的教诲和鼓励让我感动，师母张宇红老师也常常在细微之处给我关怀，虽然相隔千里，却如同就在身边。还有奋战在一线的那些审计人，也给了我很多帮助，比如广东省审计厅、江苏省审计厅的有关同志，他们或者在审计实践方面给我释疑解惑，或者在问题研究方面给我提供思路，使我受益匪浅。

我的先生李功耀以他多年经济类编辑的眼光，给我提出了很好的修改建议。而我的女儿——虽然好像和我写书没有什么直接关系，但是我想用这本书告诉她，老妈还是一直在努力的哦。

2018 年 1 月 26 日于北京

图书在版编目（CIP）数据

农村面源污染治理审计研究 / 陆晓晖著. -- 北京：经济日报出版社，2018. 4

ISBN 978 - 7 - 5196 - 0324 - 3

Ⅰ. ①农… Ⅱ. ①陆… Ⅲ. ①农业污染源 - 面源污染 - 污染控制 - 审计 - 研究 - 中国 Ⅳ. ①F239. 6

中国版本图书馆 CIP 数据核字（2018）第 064922 号

农村面源污染治理审计研究

作　　者	陆晓晖
责任编辑	林　珏
出版发行	经济日报出版社
社　　址	北京市西城区白纸坊东街 2 号 A 座综合楼 710
邮政编码	100054
电　　话	010 - 63567691（编辑部）　010 - 63588446（发行部）
网　　址	www. edpbook. com. cn
E - mail	edpbook@ 126. com
印　　刷	北京九州迅驰传媒文化有限公司
开　　本	710 × 1000 毫米　1/16
印　　张	12. 75
字　　数	209 千字
版　　次	2018 年 5 月第一版
印　　次	2018 年 5 月第一次印刷
书　　号	ISBN 978 - 7 - 5196 - 0324 - 3
定　　价	42. 00 元